ŒUVRES COMPLÈTES

DE

SIR WALTER SCOTT.

Traduction Nouvelle.

PARIS,

A. SAUTELET ET Cᵒ ET CHARLES GOSSELIN
LIBRAIRES-ÉDITEURS.

M DCCC XXVI.

H. FOURNIER IMPRIMEUR.

OEUVRES COMPLÈTES

DE

SIR WALTER SCOTT.

TOME DIX-NEUVIÈME.

IMPRIMERIE DE H. FOURNIER,
RUE DE SEINE, N° 14.

L'ANTIQUAIRE.

(The Antiquary.)

TOME TROISIÈME.

Je connaissais Anselme, il était homme sage !
Très-instruit, et plus fin, certes, qu'aucun de nous.
Mais on était surpris de son enfantillage,
Et de le voir encor rechercher les joujoux :
Tels que petits bouquins ornés d'enluminures,
Médailles dont la rouille effaça les figures,
Et même l'air noté de quelque vieux refrain
Dont peut-être on berça jadis le roi Pepin.

L'ANTIQUAIRE.

(The Antiquary.)

CHAPITRE XXXI.

> « . . . .
> » Ne parlez pas ainsi. — La rosée au printemps
> » Est l'image des pleurs que verse la jeunesse.
> » Mais lorsque le chagrin de la froide vieillesse
> » Fait encore pleurer les yeux déjà flétris. . . . . . .
> » Rien des larmes alors n'égale l'amertume !
> » Tel un torrent d'hiver, dont les flots engourdis
> » S'éveillent tout à coup, couvrent de leur écume
> » Les rochers desséchés et vont dans leur fureur
> » Détruire pour jamais l'espoir du laboureur. »
>
> *Ancienne pièce de théâtre.*

M. OLDBUCK, resté seul, doubla le pas, car ces différentes discussions et la rencontre qui les avait terminées l'avaient mis en retard, et il arriva bientôt en face des sept à huit chaumières qui s'élevaient à Mussel-Craig.

Indépendamment de l'air de misère et de malpropreté qui y régnait comme d'habitude, tout annonçait le deuil et la désolation. Les barques étaient tirées sur le sable, et quoique la journée fût belle et la saison favorable, on n'entendait pas le chant ordinaire des pêcheurs quand ils mettent à la voile. Partout régnait le silence, on ne voyait pas les enfans jouer autour de leur mère assise à la porte en raccommodant les filets. Quelques pêcheurs couverts d'habits noirs déjà vieux, mais conservés avec grand soin, d'autres portant leurs vêtemens ordinaires, mais dont la physionomie n'exprimait pas moins de douleur, étaient rassemblés autour de la cabane de Mucklebackit, et attendaient que le corps en sortît. Lorsqu'ils virent arriver le laird de Monkbarns, ils se rangèrent pour lui faire place, et ôtèrent leurs bonnets en le saluant avec un respect mélancolique, politesse qu'il leur rendit de la même manière.

L'intérieur de la cabane offrait une scène que notre Wilkie (1) seul pourrait peindre avec ce naturel exquis qui caractérise ses ouvrages enchanteurs.

Le corps du jeune pêcheur était déposé dans un cercueil placé sur le lit que l'infortuné avait occupé pendant sa vie. A peu de distance était le père, dont le front sévère et couvert de cheveux grisonnans avait bravé bien des nuits orageuses et bien des jours semblables à

(1) *Notre* Wilkie est un compatriote de sir Walter Scott, et, dit-on, un de ses amis. Ce peintre n'est guère moins connu en France qu'en Angleterre : quoique nous ne le connaissions que par les gravures (si parfaites d'ailleurs) de *Raimbach* et les copies de *Jazet : la Lettre de recommandation, le Doigt coupé, le Jour du paiement des rentes ou fermages, les Politiques de village,* etc., sont des sujets populaires et des trésors d'amateurs. — Éd.

ces nuits. Il semblait rêver à la perte qu'il venait de faire, avec ce sentiment profond de chagrin, particulier aux caractères durs et grossiers, et qui se change presque en haine contre tout ce qui reste dans le monde, quand l'objet chéri n'y est plus. Il avait fait des efforts désespérés pour sauver son fils, et ce n'était qu'en employant la force qu'on avait pu l'empêcher d'en faire de nouveaux dans un moment où il n'aurait pu que périr lui-même sans la moindre possibilité de le sauver. Toutes ces idées semblaient fermenter dans son esprit. Il jetait un regard oblique sur le cercueil, comme sur un objet dont la vue lui était insupportable, et dont pourtant il ne pouvait détourner les yeux. Il répondait en peu de paroles, d'un ton brusque et presque dur, aux diverses questions qui lui étaient faites. Personne, dans sa famille, n'avait osé lui adresser un mot de tendresse et de consolation. Sa femme, cette véritable virago, toute maîtresse absolue qu'elle prétendait être avec raison dans les occasions ordinaires, était réduite au silence et à la soumission par la consternation que lui causait la perte qu'elle venait de faire, et se trouvait obligée de cacher à son mari les accès de sa propre douleur. Comme il avait refusé toute nourriture depuis ce funeste événement, n'osant lui parler elle-même, elle avait eu recours dans la matinée à un artifice inspiré par l'affection, et elle avait employé le plus jeune de ses enfans, le favori de Saunders, pour lui présenter quelques alimens. Le premier mouvement du père avait été de repousser l'enfant avec une violence qui l'avait effrayé, son second de l'attirer à lui et de le serrer tendrement dans ses bras.
— Vous serez un brave garçon si vous vivez, Patie, lui dit-il, mais vous ne serez jamais, vous ne pouvez jamais

être ce qu'il était pour moi. Depuis l'âge de dix ans, il montait avec moi la barque; et d'ici à Buchan-Ness personne ne tirait mieux un filet. On dit qu'il faut se résigner; j'essaierai.

Et depuis ce moment le pêcheur gardait le silence, à moins qu'il ne fût forcé de répondre à quelque question. Telle était la situation du père inconsolable.

Dans un autre coin de la chaumière était assise la mère, la tête couverte de son tablier; mais la nature de sa douleur était assez indiquée par la manière dont elle se tordait les mains et par l'agitation convulsive de son sein, que le tablier ne pouvait cacher. Deux voisines officieuses, lui parlant à l'oreille, épuisaient les lieux communs sur la nécessité de se résigner à un malheur irréparable, et semblaient s'efforcer d'étourdir un chagrin qu'elles ne pouvaient consoler.

L'affliction des enfans était mêlée de quelque surprise à la vue des préparatifs qui se faisaient devant eux, et surtout de l'abondance du pain de froment et du vin que le plus pauvre paysan, le plus misérable pêcheur, ne manque pas, en pareille occasion, d'offrir à ceux qui viennent rendre les derniers devoirs à l'être dont on regrette la perte. Le chagrin que leur causait la mort de leur frère se perdait presque dans l'admiration que leur inspirait la splendeur de ses funérailles.

Mais la figure la plus remarquable au milieu de ce groupe affligé était celle de l'aïeule. Assise dans son fauteuil, avec son air habituel d'apathie et d'indifférence pour ce qui se passait, elle imitait machinalement, de temps en temps, le mouvement d'une personne qui file, et paraissait ensuite étonnée de ne trouver ni sa quenouille ni son fuseau. Ses yeux semblaient demander pourquoi on lui avait ôté les instrumens de son travail ordinaire, pourquoi on lui avait mis une robe noire, et pourquoi elle voyait tant de monde dans la cabane. Parfois, d'un air hagard, levant les yeux vers le lit sur lequel était placé le cercueil, elle paraissait tout à coup, et pour la première fois, douée de la faculté de sentir son infortune. Une expression de surprise, d'embarras et de chagrin se peignait tour à tour sur ses traits impassibles; mais elle ne versait pas une larme, et ne disait pas un mot qui pût faire juger jusqu'à quel point elle comprenait la scène extraordinaire dont elle était témoin. Elle était dans cette assemblée de deuil comme un point intermédiaire entre la famille affligée et le cadavre de celui dont on pleurait la perte ; un être en qui la lumière de l'existence était déjà obscurcie par l'ombre de la mort.

Quand Oldbuck entra dans cette maison de douleur, il fut accueilli de chacun par une inclination de tête, mais en silence; et, suivant la coutume d'Écosse, on offrit à toute la compagnie du pain de froment, du vin et de l'eau-de-vie. Tandis qu'on présentait ces rafraîchissemens, Elspeth surprit toute la compagnie en faisant signe à celui qui les portait de s'approcher d'elle; puis prenant un verre elle se leva, et dit d'une voix creuse et tremblante, et avec le sourire de l'idiotisme sur ses traits flétris : — A votre santé, messieurs, et puissions-nous avoir souvent une fête semblable !

Ces sinistres paroles excitèrent un frémissement universel, et tous les verres furent remis sur la table sans que personne eût la force de vider le sien, ce qui ne surprendra pas ceux qui savent combien la superstition a encore de force en Écosse sur l'esprit du peuple en pareilles occasions. Mais à peine la vieille femme eut-elle porté le verre à ses lèvres qu'elle s'écria : — Ah! que veut dire ceci? c'est du vin! Par quel hasard y a-t-il du vin dans la maison de mon fils? — Remettant alors le verre sur la table : J'en devine la cause, ajouta-t-elle en fixant les yeux sur le cercueil;—et, se laissant retomber sur son siège, elle se couvrit les yeux et le front de sa main pâle et desséchée.

En ce moment le ministre de la paroisse arriva. M. Blattergowl, quoique bavard impitoyable toutes les fois qu'il était question de dîmes ou de quelque droit ecclésiastique dans l'Assemblée Générale, dont, malheureusement pour ses auditeurs, il était cette année Modérateur (1), n'en était pas moins un digne homme, remplissant ses devoirs envers Dieu et envers ses semblables. Nul ministre presbytérien n'était plus exact à visiter les malades et les affligés, à instruire les jeunes gens, à éclairer les ignorans, et à rappeler dans le bon chemin la brebis qui s'égarait. Aussi notre ami l'antiquaire, malgré l'impatience que lui causaient quelquefois sa prolixité et les préjugés de son esprit ou de sa profession; — malgré un certain mépris habituel qu'il éprouvait pour son intelligence, surtout en matière d'arts et de goût, sujet de discussion que le ministre aimait pourtant de préférence, dans l'espoir de s'ouvrir le chemin à une chaire de rhétorique ou de belles-lettres; — malgré les préventions excitées par toutes ces circonstances, M. Oldbuck, disons-nous, avait beaucoup d'estime et de respect pour M. Blattergowl. Il était assez rare, il est vrai, que, pour céder, soit à une sorte de respect humain, soit aux instances de ce qu'il appelait

---

(1) Voyez le tome 2ᵉ de Waverley, page 84. — Éᴅ.

ses femelles, il se décidât à aller l'entendre prêcher ; mais en revanche il se serait reproché de s'absenter de Monkbarns quand M. Blattergowl y venait dîner, et il y était invité tous les dimanches, manière de lui témoigner sa considération que M. Oldbuck avait adoptée comme devant être la plus agréable au ministre, et comme la plus conforme à ses propres habitudes.

Pour terminer une digression dont le seul but est de faire mieux connaître le digne ministre à nos lecteurs, M. Blattergowl ne fut pas plus tôt entré dans la cabane, qu'après avoir reçu les salutations silencieuses et mélancoliques de toute la compagnie, il alla se placer près du malheureux père, et tâcha de lui glisser quelques mots de condoléance ou de consolation ; mais Saunders n'était pas encore en état de les entendre. Il inclina pourtant la tête d'un air sombre, et lui prit la main comme pour le remercier de ses bonnes intentions ; mais il n'avait ni le pouvoir ni la volonté de lui répondre autrement.

Le ministre passa ensuite près de la mère, traversant la chambre d'un pas lent, mesuré et silencieux, comme s'il eût craint que le plancher, semblable à une glace mal formée, n'eût cédé sous ses pieds, ou que le bruit de ses pas n'eût été doué d'une force magique qui aurait précipité dans un abîme la cabane et tous ceux qui s'y trouvaient. On ne put juger de ce qu'il disait à la pauvre femme que par les réponses qu'elle lui faisait, réponses que rendaient souvent inintelligibles les sanglots qu'elle ne pouvait retenir et le tablier dont elle continuait à se couvrir le visage. — Oui, monsieur, oui..... vous êtes bien bon... Sans doute, sans doute... c'est notre devoir de nous soumettre à la volonté du ciel ; mais mon pauvre Steenie ! l'enfant dont mon cœur était si fier ! qui était si beau et si bien fait! le soutien de sa famille! notre consolation à tous! lui que tout le monde voyait avec plaisir! O mon fils! mon fils! pourquoi es-tu dans le cercueil, et pourquoi faut-il que je vive pour te pleurer!

On ne pouvait résister à cet élan si naturel d'affection et de chagrin. Oldbuck eut plusieurs fois recours à sa tabatière pour cacher les larmes qui lui venaient aux yeux en dépit de son caractère caustique et même un peu bourru. Les femmes pleuraient à chaudes larmes; et les hommes mettaient leurs chapeaux devant leurs yeux en se parlant à voix basse.

Cependant le ministre voulut aussi adresser quelques mots de consolation spirituelle à la vieille aïeule. D'abord elle écouta ou parut écouter avec son apathie ordinaire ce qu'il disait; mais enfin M. Blattergowl, dans le feu du zèle qui l'animait, ayant élevé la voix davantage, et se trouvant près de son oreille, elle comprit le sens des paroles qu'il lui adressait. Sa physionomie s'anima tout à coup de cette expression qui annonçait ses lueurs d'intelligence; elle se redressa, secoua la tête d'une manière qui annonçait sinon le mépris, du moins l'impatience, et fit de la main un geste qui indiquait d'une manière claire et précise le peu de cas qu'elle faisait de ses pieuses exhortations. Le ministre se retira, et levant doucement sa main, qu'il laissa retomber aussitôt, il sembla par ce geste témoigner la surprise, le chagrin et la compassion que lui inspirait l'état déplorable de cette femme. Ce sentiment fut partagé par tous les assistans, et un léger murmure annonça l'impression que cette scène avait faite sur tous les esprits.

Cependant la compagnie se trouva complète par l'arrivée de deux personnes qu'on attendait de Fairport.

On fit encore un échange de salutations silencieuses, et le vin et l'eau-de-vie circulèrent de nouveau. Elspeth prit une seconde fois un verre à la main, le vida, et s'écria avec une sorte de rire sardonique : — Ah! ah! j'ai bu du vin deux fois dans un jour! Quand est-ce que j'en ai fait autant? Je m'en souviens, ce fut lors de la...

Elle n'acheva pas sa phrase; le verre lui échappa des mains; elle retomba sur son fauteuil, et ses traits reprirent peu à peu leur caractère d'impassibilité.

Lorsque la surprise générale se fut calmée, M. Oldbuck, dont le cœur saignait en voyant ce qu'il regardait comme la dernière lutte de l'intelligence contre l'engourdissement de l'âge et les traits cruels du chagrin, fit observer au ministre qu'il était temps de procéder aux funérailles. Le père était hors d'état de donner aucun ordre; mais le plus proche parent fit un signe au menuisier, qui en pareilles occasions remplit aussi les fonctions de maître des cérémonies, et le bruit du marteau annonça la séparation finale des restes du jeune pêcheur d'avec les vivans, séparation qui produit toujours quelque effet, même sur les êtres les plus indifférens, les plus durs et les plus égoïstes.

Animés par un esprit de contradiction qu'on nous pardonnera peut-être de regarder comme une petitesse d'esprit, les pères de l'Église d'Écosse ne voulurent pas que, même dans une occasion si solennelle, on adressât au ciel aucune prière, de peur qu'on ne crût qu'ils imitaient les rites des Églises romaine ou anglicane. Doués d'un esprit plus libéral et plus éclairé, la plupart des ministres écossais aujourd'hui saisissent cette occasion pour offrir au ciel une prière, et pour adresser aux vivans une exhortation qui doit leur faire d'autant plus d'impression qu'ils sont encore en présence des restes d'un de leurs semblables qu'ils ont vu naguère tel qu'ils sont encore eux-mêmes, et qu'ils voient maintenant tel qu'ils doivent être bientôt à leur tour; mais cet usage louable n'était pas encore adopté dans le temps dont nous parlons, ou du moins M. Blattergowl ne jugea pas à propos de s'y conformer, et la cérémonie se termina sans aucun exercice de religion (1).

Le cercueil, couvert du drap funéraire, était déjà porté par les plus proches parens. On n'attendait plus que le père, qui, suivant l'usage, devait en soutenir la tête. Deux ou trois de ses parens privilégiés l'appelaient, mais il ne leur répondait qu'en leur faisant signe de la tête et de la main qu'il ne pouvait se résoudre à un tel effort. Regardant cet acte comme un devoir pour le vivant, et comme une marque de respect pour le défunt, ils insistèrent avec plus de zèle que de jugement, et ils l'auraient forcé à se conformer à la coutume, si Oldbuck n'eût déclaré qu'en qualité de maître et de seigneur du défunt il entendait porter lui-même la tête du cercueil. Le chagrin remplissait le cœur de tous les parens; toutefois il s'y trouva encore place pour un mouvement de satisfaction et d'orgueil en recevant du laird une telle marque de distinction, et la vieille Alison Breck, qui était présente, jura que le laird de Monkbarns ne manquerait jamais d'huîtres tant que durerait la saison (on savait que notre antiquaire les aimait), quand elle devrait les aller pêcher elle-même par le plus mauvais vent qui eût jamais soufflé. Et tel est le caractère du peuple

(1) Ce regret involontaire du culte catholique échappe plus d'une fois aux plus rigides presbytériens : nous l'avons déjà signalé dans Waverley, tome 2e, p. 76. — Éd.

en Écosse, qu'on sut meilleur gré à M. Oldbuck de cet acte de condescendance, que de tout l'argent qu'il distribuait chaque année en charités dans la paroisse.

Le cortège funèbre se mit en marche, suivant à pas lents deux bedeaux armés de leurs bâtons couverts d'un drap noir, malheureux vieillards qui semblaient chanceler sur le tombeau vers lequel ils conduisaient un de leurs semblables, et portant, suivant l'usage d'Écosse, des habits noirs usés et des chapeaux ornés d'un crêpe jaunissant de vétusté.

L'antiquaire se serait fortement déclaré contre cette dépense inutile, s'il eût été consulté; mais en donnant un pareil avis, il aurait perdu plus de popularité qu'il n'en avait gagné en consentant à représenter le père dans la cérémonie funèbre. Il ne l'ignorait pas, et il avait été assez sage pour s'abstenir de donner des conscils qui auraient été mal reçus. Dans le fait les paysans écossais sont encore livrés à cette manie de déployer une sorte de pompe dans ces sortes de cérémonies, qui distinguait tellement autrefois les grands de ce royaume, que le parlement fut obligé de faire une loi somptuaire pour en restreindre le luxe. On a vu des gens placés dans les derniers rangs de la société se refuser non-seulement tous les agrémens de la vie, mais même les choses les plus nécessaires, pour économiser une somme qui mit leur famille en état de les faire enterrer en chrétiens, comme ils le disaient; et il était impossible de déterminer leurs fidèles exécuteurs testamentaires, quoiqu'ils connussent eux-mêmes le besoin, à faire servir à l'usage des vivans une somme inutilement dépensée pour l'enterrement du mort.

On se rendit au cimetière, situé à un demi-mille de

distance, avec la gravité solennelle usitée en pareil cas. Le corps fut rendu à la terre d'où il était sorti, et quand les fossoyeurs eurent rempli la fosse et l'eurent recouverte de gazon, M. Oldbuck, ôtant son chapeau, salua l'assemblée qui avait assisté en silence à cette cérémonie lugubre, ce qui fut le signal de sa dispersion.

Le ministre offrit à notre antiquaire de l'accompagner jusque chez lui; mais M. Oldbuck avait été tellement frappé de la conduite de Saunders Mucklebackit et de sa mère, que la compassion, et peut-être aussi cette curiosité qui nous fait désirer de voir même les choses qui doivent nous faire peine, le déterminèrent à s'en retourner solitairement le long du rivage de la mer, afin de faire encore une visite à la cabane du pêcheur.

CHAPITRE XXXII.

> « Quel est ce crime affreux que couvre le mystère ;
> » Que ne peut effacer la pénitence austère ;
> » Dont le pénible aveu ne saurait s'obtenir ?
> » Voyez ! elle m'entend et me voit sans frémir :
> » Le calme est sur son front ; ses lèvres détestées
> » Du moindre tremblement ne sont pas agitées. »
>
> WALPOLE. *La Mère mystérieuse.*

Le cercueil venait de sortir de la cabane : ceux qui devaient composer le cortège l'avaient suivi, chacun prenant la place que lui assignaient son rang ou son degré de parenté avec le défunt ; quelques-uns d'entre eux conduisaient ses jeunes frères, qui voyaient avec surprise une cérémonie qu'ils comprenaient à peine. Les commères s'étaient retirées à leur tour, et par considération pour la triste situation du mari et de la femme, elles avaient emmené toutes les filles, afin de laisser aux malheureux parens le temps de s'ouvrir leur cœur, et de soulager leurs regrets en s'entretenant de ce qui les causait ;

mais leurs bonnes intentions ne produisirent pas l'effet qu'elles en attendaient. A peine la dernière était-elle sortie de la cabane, dont elle avait fermé la porte bien doucement, que le père, s'étant assuré par un coup d'œil rapide qu'il ne restait aucun étranger, joignit les mains et les leva au-dessus de sa tête en poussant des cris de désespoir qu'il avait retenus jusqu'alors; ne pouvant supporter le poids de son affliction, il se jeta sur le lit d'où l'on venait d'enlever le cercueil, et se livra sans réserve à toute sa douleur. Ce fut en vain que la malheureuse mère, épouvantée de la violence du chagrin de son mari, chagrin qui devient encore plus dangereux quand il attaque un homme de mœurs rudes et d'une constitution robuste, retint ses sanglots et ses gémissemens, et le tirant par les pans de son habit, le conjura de se lever et de se souvenir que, quoiqu'il eût perdu son fils aîné, il lui restait une femme et d'autres enfans qu'il devait consoler et soutenir. Cet appel à son cœur venait trop tôt, et ne produisit aucun effet. Il resta étendu sur le lit, montrant, par la violence de ses sanglots, par une agitation qui ébranlait le lit et la cloison contre laquelle il était appuyé, par le mouvement convulsif de ses membres, et par l'espèce de rage avec laquelle ses mains serraient les couvertures, combien est profonde et terrible la douleur d'un père qui a le malheur de survivre à son fils.

— Ah! quelle journée! quelle journée! s'écria la pauvre mère dont les larmes s'étaient taries par suite de la terreur que lui inspirait l'état où elle voyait son mari; —quelle journée! et personne ici pour aider une pauvre femme éplorée! Ah! ma mère, si vous pouviez seulement lui dire un mot, l'engager à se consoler!

A son grand étonnement, et sa frayeur en redoubla

même, la mère de son mari l'entendit et la comprit. Elle se leva, traversa la chambre d'un pas plus ferme qu'à l'ordinaire, et se tenant debout près du lit sur lequel son fils s'était jeté, lui dit : — Levez-vous, mon fils, et ne pleurez pas celui qui est à l'abri de la tentation et du péché. Pleurez sur ceux qui restent dans cette vallée de larmes et de ténèbres. Moi qui ne pleure, qui ne puis pleurer sur personne, j'ai plus besoin que vous pleuriez sur moi.

La voix de sa mère, qui depuis bien des années ne s'était pas fait entendre pour prendre part aux affaires intérieures de la famille, ou pour donner un avis ou une consolation, produisit son effet sur son fils : il se leva, s'assit à côté du lit, et le silence d'un abattement profond succéda à l'égarement du désespoir. Elspeth retourna à son fauteuil ; Maggie prit machinalement une vieille Bible, et elle parut s'occuper à lire, quoique ses yeux fussent noyés dans les larmes.

Telle était la situation de cette famille quand on entendit frapper à la porte.

— Eh ! mon Dieu, dit la pauvre mère, qui peut venir ainsi en ce moment? Il faut qu'il n'ait pas entendu parler de notre malheur.

On frappa une seconde fois. Elle se leva, et alla ouvrir la porte en disant, d'un ton de reproche : — Qui est-ce qui vient troubler une famille dans la douleur?

Un grand homme en habit noir parut devant elle, et elle reconnut lord Glenallan.

— Est-ce ici, ou dans une des cabanes voisines, demanda-t-il, que je trouverai une vieille femme nommée Elspeth, qui a demeuré long-temps à Craigburnsfoot, près de Glenallan?

— C'est ma mère, milord; mais elle ne peut voir personne à présent. Hélas! nous avons éprouvé un grand malheur, un affreux chagrin.

— A Dieu ne plaise, ma bonne femme, que je trouble votre affliction sans un motif puissant; mais mes jours sont comptés, votre mère est arrivée à un âge bien avancé, et si je ne la vois pas aujourd'hui, il est possible que nous ne nous rencontrions plus dans ce monde.

— Et quelle affaire avez-vous avec une vieille femme accablée par l'âge et le chagrin? Ni seigneur ni paysan n'entrera dans ma maison le jour que mon fils en est sorti dans un cercueil.

En parlant ainsi, elle se livrait à l'irritabilité naturelle à son caractère et à sa profession, et qui commençait à se mêler à son chagrin, maintenant que la première angoisse en était passée. Elle n'avait fait qu'entr'ouvrir la porte, et elle s'y tenait de manière à ne pas permettre à lord Glenallan de passer, quand elle entendit la voix de son mari qui criait : — Maggie! pourquoi empêchez-vous d'entrer? Laissez entrer. Je ne donnerais pas à présent le bout d'un vieux câble pour empêcher quelqu'un d'entrer dans cette maison ou d'en sortir.

Maggie obéit à son mari, et laissa entrer lord Glenallan. Les traces visibles qu'avait laissées le chagrin sur son corps amaigri et sur son visage décharné, formaient un contraste frappant avec celles qu'on remarquait sur les traits grossiers et hâlés du pêcheur et sur la physionomie masculine de sa femme. Le comte s'approcha de la vieille, qui, suivant sa coutume, était assise au coin du feu, et lui demanda, d'une voix aussi intelligible qu'il le put : — Êtes-vous Elspeth de Craigburnsfoot?

— Qui est-ce qui me demande la demeure de cette méchante femme?

— Le comte de Glenallan.

— Comte! comte de Glenallan!

— Celui qui se nommait William lord Geraldin, et qui, par la mort de sa mère, est devenu comte de Glenallan.

— Ouvrez le volet, dit Elspeth à sa belle-fille d'un ton ferme et avec vivacité; ouvrez le volet bien vite pour que je puisse voir si c'est bien là lord Geraldin, le fils de ma maîtresse, celui que j'ai tenu dans mes bras une heure après sa naissance, et qui doit me maudire pour ne l'avoir pas étouffé avant qu'une autre heure se fût écoulée.

Le volet avait été fermé, suivant l'usage, pour qu'une demi-obscurité donnât encore un air plus sombre et plus imposant à la solennité des funérailles. Maggie l'entr'ouvrit comme sa mère le désirait, et un rayon de vive lumière, tel que Rembrand l'eût introduit, traversant l'atmosphère obscurcie et enfumée de la cabane, vint éclairer les traits du malheureux lord et ceux de la vieille sibylle, qui, debout devant le comte dont elle avait saisi la main, fixait sur lui ses yeux, et faisant mouvoir son index à peu de distance de son visage, semblait vouloir en suivre les traits, et comparer ce qu'elle voyait avec ce que sa mémoire lui rappelait. Lorsqu'elle eut fini son examen : — Quel changement! dit-elle avec un profond soupir; quel triste changement! Et à qui en est la faute? C'est ce qui est écrit là où le souvenir doit en rester. C'est ce qui est écrit avec une plume de fer sur des tablettes d'airain là où tout ce que fait la chair est écrit. Et que veut lord Geraldin, ajouta-t-elle après un moment de silence, à une pauvre vieille créature comme moi, qu'on doit compter parmi les morts, et qui n'appartient aux vivans que parce que la terre ne la couvre pas encore?

— Mais, au nom du ciel! dit lord Glenallan, c'est à vous de me dire pourquoi vous m'avez fait prier d'une manière si pressante de venir vous voir, en appuyant même votre demande sur un gage auquel vous saviez que je ne pouvais rien refuser.

Et en parlant ainsi, il tira de sa bourse la bague qu'Edie Ochiltrie lui avait remise, et la lui montra.

Cette vue produisit à l'instant un effet bien étrange sur Elspeth. Le tremblement de la crainte se joignit à celui de la vieillesse, et elle se mit à fouiller dans ses poches avec l'agitation empressée d'une personne qui commence à craindre d'avoir perdu quelque chose de grande importance. Enfin paraissant s'être convaincue que ses craintes n'étaient pas sans fondement, elle se tourna vers le comte : — Par quel hasard avez-vous cette bague? Comment vous l'êtes-vous procurée? Je croyais l'avoir gardée avec tant de soin! Que va dire la comtesse?

— N'avez-vous donc pas appris que ma mère est morte?

— Morte! Ne me trompez-vous pas? A-t-elle enfin laissé ses terres, son château, ses seigneuries?

— Tout. Toutes les vanités auxquelles les mortels doivent renoncer tôt ou tard.

— Je me rappelle à présent que je l'avais déjà entendu dire; mais il y a eu tant d'affliction dans notre famille depuis ce temps, et ma mémoire est devenue si mauvaise..... Mais vous êtes bien sûr que votre mère, que la comtesse est partie pour aller rejoindre ses pères?

Le comte l'assura de nouveau que son ancienne maîtresse n'existait plus.

— Eh bien, dit Elspeth, ce secret ne me pèsera pas plus long-temps. Pendant sa vie, qui aurait osé parler de ce qu'elle ne voulait pas qu'on sût? Mais la voilà partie, et j'avouerai tout.

Se tournant alors vers son fils et sa belle-fille, elle leur ordonna d'un ton mystérieux de sortir de la maison, et de l'y laisser seule avec lord Geraldin, car elle continuait à le nommer ainsi; mais Maggie, dont les premières angoisses étaient passées, n'était nullement disposée à une obéissance passive envers sa belle-mère, titre qui dispose rarement une bru à la soumission, dans les classes inférieures de la société; elle était d'autant plus surprise de lui voir prendre un ton d'autorité, qu'Elspeth semblait y avoir renoncé depuis plusieurs années.

— C'est une chose bien étrange, dit-elle en murmurant à demi-voix, car le rang du comte lui en imposait; bien étrange, en vérité, que d'ordonner à une mère de sortir de sa maison quand elle a encore les yeux mouillés de pleurs après avoir vu emporter le corps de son fils aîné.

Le pêcheur ajouta d'un ton plus ferme et plus décidé :
— Ce n'est point aujourd'hui qu'il faut choisir pour conter vos vieilles histoires, ma mère. Milord, si c'est un lord, peut revenir un autre jour, ou il peut vous dire tout ce que bon lui semblera; il n'y a personne ici qui se soucie de vous écouter, ni vous ni lui; mais ni pour lord ni pour paysan, ni pour riche ni pour pauvre, je ne sortirai de ma maison le jour où....

Un nouvel accès de douleur l'empêcha de finir sa phrase; mais comme il s'était levé quand lord Glenallan était entré, et qu'il était resté debout depuis ce temps, il s'assit de nouveau auprès du lit d'un air sombre, dans l'attitude d'un homme résolu à tenir parole.

Mais la vieille Elspeth, à qui ce moment de crise semblait avoir rendu la supériorité d'esprit qu'elle possédait autrefois, se leva de son fauteuil, et s'avançant vers lui, lui dit d'un ton solennel : — Mon fils, si vous ne voulez pas entendre l'aveu des crimes de votre mère et être témoin de sa honte, si vous voulez en être béni, si vous craignez sa malédiction, si vous respectez celle qui vous a porté dans son sein, qui vous a nourri de son lait, je vous ordonne de me laisser dire à lord Geraldin ce que ses oreilles seules doivent entendre. Obéissez à votre mère, afin que lorsque vous couvrirez sa tête de poussière (et plût au ciel que le jour en fût arrivé!) vous puissiez vous rappeler cet instant sans vous reprocher d'avoir désobéi au dernier ordre qu'elle vous donnera jamais.

Ces mots, prononcés d'un ton grave et solennel, firent renaître dans le cœur du pêcheur l'habitude et l'instinct de l'obéissance à laquelle sa mère l'avait accoutumé, et dont il ne s'était jamais écarté tant qu'elle avait conservé l'entier usage de sa raison. Un souvenir douloureux contribua aussi à le déterminer à céder aux volontés de sa mère : jetant un coup d'œil sur le lit d'où l'on venait d'emporter le corps de son fils : — Il ne m'a jamais désobéi, se dit-il à demi-voix ; jamais il n'a examiné si j'avais tort ou raison, pourquoi ma mère me trouverait-elle moins docile? — Prenant alors par le bras sa femme, qui ne paraissait pas encore trop disposée à cet acte de soumission, il l'entraîna hors de la cabane, et en ferma la porte au loquet.

Dès que les malheureux époux furent sortis, lord Glenallan, pour empêcher la vieille femme de retomber dans un état léthargique, la pressa de nouveau de lui apprendre pourquoi elle avait désiré le voir.

—Vous le saurez assez tôt, répondit-elle; je me souviens de tout bien clairement, et je crois qu'il n'y a pas de danger que je l'oublie. Ma chaumière de Craigburnsfoot est devant mes yeux comme si je l'avais quittée hier; la prairie dans laquelle le ruisseau va se jeter dans la mer; les deux petites barques, avec leurs voiles déployées, dans la baie qu'il forme; le rocher au bout du parc de Glenallan, et qui domine sur la mer... Ah! oui, je puis oublier que j'ai eu un mari et que je l'ai perdu; qu'il ne me reste qu'un fils des quatre que j'ai portés; que des malheurs successifs ont dissipé une fortune mal acquise; que ce matin j'ai vu sortir d'ici le corps de l'aîné de mes petits-enfans; mais jamais je n'oublierai les jours que j'ai passés à Craigburnsfoot.

—Vous étiez la favorite de ma mère, dit le comte désirant la ramener au point dont elle s'écartait.

—Oui, je l'étais; vous n'avez pas besoin de me le rappeler. Elle m'a élevée au-dessus de mon état; elle m'a donné plus de connaissances qu'à mes pareilles; mais, de même que l'ancien tentateur, en me donnant la connaissance du bien, elle y a ajouté celle du mal.

—Pour l'amour du ciel, Elspeth! dit le comte interdit, expliquez mieux, si vous le pouvez, ce que vous me donnez à entendre. Je sais que vous avez été mise dans la confidence d'un épouvantable secret, d'un secret qui ferait crouler ces murailles si elles l'entendaient; mais, de grace, expliquez-vous.

—Je vais le faire, dit-elle, je vais le faire; un moment

de patience. Elle garda quelques instans le silence, mais ce n'était plus la torpeur de l'imbécillité ou de l'apathie : elle allait soulager son cœur d'un poids qui l'accablait depuis bien long-temps; elle allait parler de choses dont le souvenir occupait sans doute quelquefois toutes ses facultés quand elle semblait morte à tout ce qui l'entourait. Et nous pouvons ajouter, comme un fait remarquable, qu'une sorte d'énergie mentale agissait si puissamment sur ses forces physiques et sur les nerfs de tous ses organes, que malgré sa surdité elle entendit aussi distinctement qu'elle l'aurait jamais fait à toute autre époque de sa vie chaque mot que prononça lord Glenallan pendant cette mémorable conférence, quoique les paroles du comte fussent souvent interrompues par l'horreur et le désespoir. Elle s'exprima elle-même clairement, distinctement, posément, comme si elle eût voulu être certaine de se faire bien entendre, sans se livrer à ce verbiage et à ces digressions si naturelles aux femmes de son âge et de sa condition. En un mot son langage annonçait une éducation au-dessus de son rang, un esprit ferme et résolu, et un de ces caractères dont on peut attendre de grands vices et de grandes vertus. C'est dans le chapitre suivant qu'on lira sa révélation (1).

(1) C'est sans doute ici le lieu de faire remarquer au lecteur que c'est surtout dans cette partie du roman que l'auteur a développé d'une manière admirable le système exposé dans sa préface. Ce ne sera pas une faible gloire pour le poète Wordworth d'être pour quelque chose dans les deux chapitres qui précèdent.

ED.

CHAPITRE XXXIII.

« Le remords nous poursuit, limier infatigable.
» Souvent dans la jeunesse on est sourd à sa voix ;
» Mais quand l'âge et le temps nous ont mis aux abois,
» Nous ne pouvons alors le fuir ni le combattre :
» Sous ses traits acérés nous nous sentons abattre ;
» Il sait se faire entendre, et vient nous avertir
» Que le courroux du ciel s'apprête à nous punir. »

Ancienne comédie.

— JE n'ai pas besoin de vous apprendre, dit Elspeth au comte de Glenallan, que j'étais la femme de confiance, la favorite de Joscelinde, comtesse de Glenallan, à qui Dieu fasse paix ! et vous devez vous rappeler que je conservai ses bonnes graces bien des années. J'y répondais par le plus sincère attachement ; mais je tombai en disgrace pour un léger acte de désobéissance qui fut rapporté à votre mère par une personne qui croyait que j'étais chargée d'épier ses actions et les vôtres, et elle ne se trompait pas.

— Femme! s'écria le comte d'une voix émue et tremblante, ne me parlez pas d'elle; ne prononcez pas son nom devant moi!

— Il le faut, répliqua-t-elle avec calme et fermeté; comment me comprendriez-vous?

Le comte s'appuya sur une chaise de bois, enfonça son chapeau sur ses sourcils, serra les mains et les dents comme un homme qui s'arme de tout son courage pour subir une opération douloureuse, et lui fit signe de continuer.

— Je vous disais donc que ma disgrace avait été principalement l'ouvrage de miss Eveline Neville, fille d'un cousin germain, d'un intime ami de feu votre père, et qu'on élevait au château de Glenallan. Il y avait du mystère dans son histoire; mais qui aurait jamais osé demander à la comtesse ce qu'elle ne voulait pas dire? Tout le monde l'aimait au château, tout le monde, excepté deux personnes, votre mère et moi; nous la haïssions toutes deux.

— Juste ciel! Et pour quelle raison? Jamais on n'avait vu dans ce misérable monde une créature si douce, si aimable, si digne d'inspirer l'affection.

— Cela peut être; votre mère haïssait tout ce qui tenait à la famille de votre père, excepté lui. Elle avait eu des querelles avec ses parens peu de temps après son mariage; mais ces détails sont étrangers à ce que j'ai à vous dire. Sa haine contre Eveline Neville redoubla quand elle s'aperçut qu'il existait entre vous et cette malheureuse jeune fille un commencement d'affection. Vous pouvez vous rappeler que votre mère se borna d'abord à lui montrer de la froideur; mais la tempête éclata bientôt, et ce fut avec une telle violence, que miss Neville fut obligée de se refugier au château de Knockwinnock, près de l'épouse de sir Arthur, qui vivait encore à cette époque.

—Vous me déchirez le cœur en me rappelant tous ces détails, Elspeth : mais continuez, et puisse le ciel accepter mes souffrances en expiation de mon crime involontaire !

— Il y avait quelques mois qu'elle était absente : — un soir j'attendais dans ma cabane le retour de mon mari, qui était en mer à pêcher, et je versais ces larmes amères que ma fierté m'arrachait toutes les fois que je songeais à ma disgrace ; — je n'avais pas fermé le verrou, je vis soudain entrer votre mère. Je crus voir un spectre, car, même dans le temps que j'avais ses bonnes graces, c'était un honneur qu'elle ne m'avait jamais fait, et elle était aussi pâle, aussi effrayante que si elle fût sortie du tombeau. Elle s'assit, et secoua les gouttes d'eau qui tombaient de ses cheveux et de ses vêtemens ; car il faisait du brouillard, et elle avait traversé les bosquets du parc, dont tous les arbres étaient chargés de rosée. J'entre dans ces détails uniquement pour vous montrer comme le souvenir de cette soirée est bien gravé dans mon esprit, et j'ai de bonnes raisons pour ne pas l'oublier. Je fus surprise de la voir, mais je n'osais parler, comme si j'eusse vu un fantôme. Oui, milord, la terreur me rendit muette, moi qui avais vu sans émotion plus d'une scène effrayante. Après un moment de silence : —Elspeth Cheyne, me dit-elle, car elle me donnait toujours mon nom de fille, êtes-vous la fille de ce Reginald Cheyne qui sacrifia sa vie sur le champ de bataille de Sherifmuir pour sauver celle de son maître, de lord Glenallan ? — Oui, lui répondis-je avec presque autant de fierté qu'elle-même, aussi sûrement que vous êtes la fille de ce comte de Glenallan dont mon père racheta les jours par sa mort.

Ici Elspeth s'arrêta un instant.

—Eh bien! eh bien! pour l'amour du ciel, continuez, parlez, je vous l'ordonne.

—Ah! je me soucierais fort peu des ordres qu'on peut me donner sur la terre, si je n'avais entendu une voix qui me parle pendant mon sommeil, pendant mes veilles, et qui me force à faire ce récit pénible. Eh bien! milord, la comtesse me dit : Mon fils aime Eveline Neville, ils sont d'accord, ils se sont promis de s'épouser; s'ils ont un fils, je perds tous mes droits; au lieu d'être comtesse, je ne suis plus qu'une misérable douairière. Moi qui ai apporté à mon époux des terres, des vassaux, un sang illustre, une ancienne renommée, je ne possède plus rien dès l'instant que mon fils a un héritier! Ce n'est pourtant qu'une considération secondaire. Si mon fils se choisissait une épouse partout ailleurs que dans cette odieuse famille des Neville, je prendrais patience; mais les voir, eux et leurs descendans, jouir du rang et des honneurs de mes ancêtres, c'est sentir s'enfoncer dans mon cœur un poignard à deux tranchans. Cette fille, d'ailleurs..... je la déteste!—Et j'en fais autant, lui répondis-je, — car toutes ses paroles avaient retenti dans mon cœur et l'avaient embrasé.

—Misérable! s'écria le comte en dépit de la résolution qu'il avait prise de garder le silence, quel motif de haine pouviez-vous avoir contre tant d'innocence et de douceur?

—Je haïssais ce que ma maîtresse haïssait. N'était-ce pas l'usage de tous les vassaux de la maison de Glenallan? Vous saurez, milord, que, quoique je me sois mésalliée, jamais un de vos ancêtres ne se mit en campagne sans qu'un des aïeux de la faible créature qui vous parle portât son bouclier; mais j'avais aussi des causes personnelles de haine contre miss Eveline Neville. J'étais allée la chercher en Angleterre, et pendant tout le voyage elle n'avait fait que tourner en dérision mon costume et mon accent écossais, ainsi que ses compagnes le faisaient sans doute dans sa pension, comme on appelle, je crois, ces sortes de maisons.

Quelque étrange que cela puisse paraître, Elspeth parlait de l'affront prétendu que lui avait fait, plus de vingt ans auparavant, une jeune fille sortant de pension, et qui ne songeait nullement à l'insulter, avec une chaleur et une rancune qu'une offense mortelle n'aurait pu faire naître dans un esprit sain après un si long espace de temps.

—Oui, répéta-t-elle, elle m'avait tournée en ridicule; mais que ceux qui méprisent le *tartan* de l'Écossais apprennent à redouter le poignard qu'il porte.

Après un instant de silence, elle reprit la parole.

—J'avouerai pourtant que je la haïssais plus qu'elle ne le méritait.—Elspeth Cheyne, continua la comtesse, cet enfant désobéissant déshonorera son sang en le mélant au sang anglais. Autrefois j'aurais jeté l'un dans les cachots de Glenallan, et enfermé l'autre dans ma tour de Strathbonnel; mais le temps où de tels actes m'auraient été permis n'existe plus, et l'autorité dont les nobles du pays devraient être armés est remise entre les mains de juges plébéiens et d'hommes de loi obscurs. Écoutez-moi donc, Elspeth Cheyne, si vous êtes fille de votre père comme je la suis du mien, et je vous indiquerai un moyen pour prévenir leur mariage. Elle vient souvent se promener sur le rocher au pied duquel est votre cabane, pour avoir le plaisir de voir mon fils voguer sur la mer dans son esquif (Vous vous souvenez, milord, que c'était alors un de vos plaisirs?) qu'elle disparaisse dans cet élément.—Pourquoi me regarder avec cet air d'étonnement et d'incrédulité, milord? Ce que je vous dis est aussi vrai qu'il l'est que je dois avant peu me trouver en face du seul être que j'aie jamais craint, et plût à Dieu que je l'eusse craint davantage! Cependant il me répugnait de charger ma conscience de sa mort.—Votre mère ajouta : D'après la religion de notre sainte Église, ils sont trop proches parens pour pouvoir se marier; mais je m'attends qu'ils deviendront hérétiques aussi-bien que désobéissans. — A ces mots le malin esprit, qui est toujours prêt à suggérer un mauvais conseil à ceux dont le cœur est disposé à le recevoir, m'inspira de lui dire : Mais ne peut-on pas leur faire croire qu'ils sont assez proches parens pour qu'aucune religion ne permette leur mariage?

Ici le comte l'interrompit en poussant un cri si perçant qu'on aurait pu l'entendre à cinquante pas de la chaumière : — Ah! s'écria-t-il, Eveline Neville n'était donc pas.......

— La fille de votre père? non. Que ce soit pour vous un tourment ou une consolation, il faut que vous sachiez la vérité : elle n'était pas plus votre sœur que moi-même.

— Femme, ne me trompez pas; ne me faites pas maudire la mémoire d'une mère à qui j'ai rendu les derniers devoirs si récemment, en cherchant à me persuader qu'elle a trempé dans le complot le plus cruel, le plus infernal!

— Avant de maudire la mémoire d'une mère qui n'existe plus, lord Geraldin, voyez si vous ne trouverez pas parmi les membres de la famille de Glenallan quelqu'un encore vivant dont les fautes ont amené cette terrible catastrophe.

— Voulez-vous dire mon frère? il est mort aussi.

— Non, lord Geraldin, c'est de vous que je parle ; si vous n'aviez pas manqué à la soumission qu'un fils doit à sa mère, en épousant secrètement miss Neville tandis qu'elle était à Knockwinnock, notre complot vous aurait séparés au moins pour un temps ; mais vos chagrins n'auraient pas été doublement aigris par le remords. C'est vous qui avez empoisonné les armes dont nous nous servions ; elles ont pénétré plus profondément dans votre cœur, parce que vous vous êtes jeté au-devant de nos coups. Si vous aviez proclamé et reconnu votre mariage, nous n'aurions ni pu ni voulu recourir au stratagème que nous avions employé pour le prévenir.

— Juste ciel ! s'écria le malheureux comte, comme si une nouvelle lumière eût paru tout à coup à ses yeux frappés d'aveuglement ; oui, je comprends à présent les efforts indirects que fit plusieurs fois ma mère pour calmer mon désespoir en paraissant admettre la possibilité de douter d'un fait dont elle m'avait garanti la certitude.

— Elle ne pouvait vous parler plus clairement sans avouer sa fraude, et elle se serait plutôt laissé traîner par des chevaux indomptés ; j'en ferais autant pour l'amour d'elle si elle vivait encore. Toute la race des Glenallans, hommes et femmes, a toujours eu une ame ferme et inébranlable, et il en était de même de tous ceux qui autrefois poussaient leur cri de ralliement : *Clachnaben !* Ils se tenaient toujours côte à côte ; pas un vassal n'aurait quitté son chef par un motif d'intérêt; tous lui obéissaient sans examiner s'il avait tort ou raison : les temps sont bien changés, à ce qu'on assure.

Le comte était trop occupé des réflexions déchirantes que faisait naître dans son esprit ce qu'il venait d'apprendre, pour faire attention à l'enthousiasme d'une fidélité sauvage dans laquelle celle qui avait causé tous ses malheurs semblait, même aux portes du tombeau, trouver encore une source de plaisir et de consolation.

— Dieu tout-puissant! s'écria-t-il, je suis donc innocent du crime le plus horrible dont un homme puisse être souillé, de ce crime qui, quoique involontaire, m'a causé depuis plus de vingt ans des remords perpétuels qui ont détruit la paix de mon cœur et ma santé, en creusant mon tombeau avant le terme fixé par la nature! Reçois mes humbles remerciemens, ajouta-t-il avec ferveur en levant les yeux vers le ciel; si je vis si misérable, du moins je ne mourrai pas souillé d'un crime qui révolte la nature. Et toi, si tu as quelque chose de plus à m'apprendre, continue, tandis qu'il te reste assez de force pour parler, et que j'ai encore celle de t'entendre.

— Oui, répondit Elspeth, l'heure où vous n'entendrez plus, où je ne parlerai plus, n'est pas bien éloignée; la mort a déjà imprimé son sceau sur votre front, et je sens mon cœur se refroidir chaque jour davantage sous sa main glacée. Ne m'interrompez donc plus par vos exclamations, vos gémissemens et vos reproches, écoutez jusqu'au bout ce que j'ai à vous dire; ensuite, si vous êtes un comte de Glenallan comme j'ai entendu dire dans ma jeunesse qu'il en a existé autrefois, ordonnez à vos vassaux de ramasser des bruyères, des épines, des branches de houx ; qu'ils en construisent un bûcher aussi haut que le toit de votre château ; faites-y brûler la vieille sorcière Elspeth, et périsse avec elle tout ce qui peut vous rappeler qu'une telle créature a rampé sur la surface de la terre.

— Continuez, dit le comte, continuez, je ne vous interromprai plus.

Il prononça ces mots d'une voix à demi suffoquée, mais résolu de se contenir, de peur de perdre cette occasion d'obtenir la preuve de ce qu'il venait d'entendre ; mais Elspeth était épuisée par le long récit qu'elle venait de faire, et la manière dont elle raconta le reste de son histoire, sans la rendre tout-à-fait inintelligible, n'avait plus l'ordre, la concision et la clarté qui y avaient régné jusqu'alors. Enfin lorsqu'elle eut inutilement essayé à plusieurs reprises de continuer son récit, lord Glenallan se vit obligé de chercher à aider sa mémoire en lui faisant quelques questions, et il commença par lui demander quelles preuves elle pouvait donner de la vérité d'une histoire si différente de ce qu'elle lui avait dit autrefois.

— Les preuves de la naissance de miss Neville, lui répondit-elle, étaient en la possession de la comtesse, et il y avait des raisons pour les tenir secrètes pendant un certain temps ; elles étaient et elles sont peut-être encore, si elle ne les a pas détruites, dans le tiroir, à main gauche, d'un secrétaire en ébène de son cabinet de toilette. Elle voulait les cacher jusqu'à ce que vous retournassiez en pays étranger, et elle avait dessein, avant votre retour, de marier miss Neville ou de la renvoyer dans son pays.

— Mais ne m'avez-vous pas montré des lettres de

mon père qui me parurent annoncer clairement, à moins que mes sens ne m'aient abusé dans ce moment horrible, que mon père était aussi le père de...... de la malheureuse........

— Sans doute, et les lettres étant appuyées de mon témoignage, comment vous ou elle auriez-vous pu douter d'un tel fait? Mais nous ne vous donnâmes pas l'explication de ces lettres; nous nous gardâmes bien de vous dire que votre père avait des raisons de famille, que je ne connais pas, pour vouloir que miss Neville passât pendant quelque temps pour sa fille.

— Mais quand vous apprîtes que nous étions mariés, pourquoi persistâtes-vous dans cet abominable artifice?

— Ce ne fut qu'après que lady Glenallan vous eut conté cette fausse histoire qu'elle soupçonna que vous étiez déjà mariés; vous ne lui en fîtes pas même alors l'aveu de manière à l'en convaincre; mais vous vous rappelez, vous ne pouvez avoir oublié ce qui se passa dans cette terrible soirée.

— Oui, et vous jurâtes sur l'Évangile la vérité d'un fait dont vous attestez aujourd'hui la fausseté.

— Sans doute, et j'aurais prêté un serment encore plus saint, s'il en avait existé. Je ne songeais à sauver ni mon corps ni mon ame, quand il s'agissait de servir la maison Glenallan.

— Misérable! appelez-vous cet horrible parjure, qui eut des suites encore plus horribles, un service rendu à la maison de vos bienfaiteurs?

— Sans doute; je servais comme elle voulait être servie celle qui était alors le chef de cette maison. Elle aura à répondre devant Dieu de l'ordre qu'elle m'a donné, comme j'aurai à répondre de la manière dont je l'ai exécuté ; elle est allée rendre son compte ; je ne tarderai pas à la suivre : vous ai-je dit tout ce que vous vouliez savoir ?

— Non : il faut encore que vous me parliez de la mort de cet ange que votre parjure poussa au désespoir, et qui mourut persuadée qu'elle était souillée d'un crime épouvantable. Dites-moi la vérité : cet horrible événement n'eut-il pas d'autre cause que celle qu'on y attribua dans le temps ? Ne fut-ce pas un nouvel acte de cruauté atroce dont d'autres se rendirent coupables ?

— Je vous entends. Non ; ce qu'on dit alors était vrai. Notre faux témoignage en fut la cause, mais ce fut elle-même qui, dans son désespoir, accéléra la fin de ses jours. Lorsqu'on vous fit ce mensonge qui eut des suites si terribles, lorsque vous eûtes quitté la comtesse en désespéré pour monter à cheval et vous enfuir du château avec la rapidité de l'éclair, la comtesse n'avait pas encore découvert votre mariage secret ; elle ignorait que l'union qu'elle voulait empêcher avait déjà eu lieu depuis près de neuf mois. Vous partîtes comme si le feu du ciel eût été prêt à tomber sur le château, et miss Neville, presque privée de raison, fut mise sous bonne garde. Mais la gardienne s'endormit, et la prisonnière veilla. La fenêtre était ouverte ; le parc était devant elle, le rocher était au bout du parc, la mer baignait le pied du rocher..... Oh ! quand oublierai-je cette nuit affreuse ?

— Et elle périt ainsi dans les eaux, comme on me l'a dit ?

— Non : j'étais sur le bord de la mer ; la marée descendait, et elle venait, comme vous le savez, presque jusqu'à ma cabane, ce qui était très-commode pour le métier de mon mari..... Qu'est-ce que je voulais vous dire? — Je vis dans l'obscurité quelque chose de blanc s'élancer du haut du rocher, et le bruit que ce corps fit en tombant dans l'eau m'apprit que c'était une créature humaine. J'étais hardie, vigoureuse, et habituée à la mer; je m'y précipitai; je la retirai de l'eau, et je la chargeai sur mes épaules; j'en aurais porté deux semblables. Je la déposai sur mon lit dans ma cabane, et quelques voisines vinrent à mon aide. Mais les premiers mots qu'elle prononça, quand elle recouvra la parole, me décidèrent à les renvoyer, et je fis avertir la comtesse. Elle m'envoya sa servante espagnole Theresa : s'il existait sur la terre un démon, sous la figure humaine, c'était cette femme. Elle et moi nous devions veiller sur la malheureuse jeune dame, nulle autre personne ne devait en approcher. J'ignore quels ordres pouvait avoir reçus Theresa, elle ne me le dit point, mais le ciel se chargea de la conclusion de l'affaire. La pauvre jeune dame fut saisie des douleurs prématurées de l'enfantement, elle donna le jour à un enfant mâle, et mourut entre mes bras, entre les bras de sa mortelle ennemie. Oui, vous pouvez pleurer, mais pourquoi pleurerais-je aujourd'hui, puisque je ne pleurai point alors? c'était pourtant un spectacle digne de compassion. Je laissai Theresa près de la morte et du nouveau-né, j'allai prendre les ordres de la comtesse. Quoique la nuit fût bien avancée, je parvins à la voir ; et elle fit venir votre frère.......

— Mon frère !

— Oui, lord Geraldin, votre frère, que quelques personnes disaient qu'elle désirait avoir pour héritier. Dans tous les cas, c'était lui qui avait des droits apparens à sa succession si vous mouriez sans enfans.

— Et est-il possible de croire que mon frère, par cupidité, et pour s'assurer mon héritage, se soit prêté à un stratagème si honteux et si cruel?

— Il paraît que votre mère le crut, répondit Elspeth avec un sourire diabolique ; mais ce complot ne fut pas mon ouvrage ; j'ignore ce qui se passa entre eux, car je n'assistai pas à leur conférence. Ils restèrent long-temps enfermés dans le salon boisé en chêne noir, et quand votre frère passa dans la chambre où j'attendais, il me sembla, et je l'ai souvent pensé depuis, qu'il avait tout le feu de l'enfer dans les yeux et sur les traits de son visage, mais sa mère en sentait aussi les brûlantes fureurs. Elle accourut à moi comme une femme hors d'elle-même, et les premiers mots qu'elle me dit furent ceux-ci : — Elspeth Cheyne, avez-vous jamais arraché de sa tige un bouton nouvellement éclos ? Je répondis, comme vous pouvez le croire, que cela m'était arrivé plus d'une fois. Eh bien ! me dit-elle, vous savez donc ce que doit devenir le bâtard hérétique que cette nuit a vu naître pour déshonorer la noble maison de mon père. Tenez, — et elle me remit en même temps une longue épingle d'or qui attachait ses cheveux, — l'or seul doit répandre le sang de Glenallan. Cet enfant est déjà comme s'il était mort, et puisque Theresa et vous, vous êtes seules instruites de son existence, qu'il disparaisse à jamais : vous m'en répondrez. — On l'aurait prise pour une furie tandis qu'elle parlait ainsi. Elle me mit l'épingle dans la main, et se retira. La voici : cette épingle et la bague de miss Neville sont tout ce qui me reste des bijoux et de l'argent mal acquis que me valut cette affaire, et j'ai bien gardé le secret, mais ce n'était ni pour l'argent ni pour les bijoux.

Sa main décharnée présenta alors au comte une longue épingle d'or, d'où son imagination crut voir dégoutter encore le sang de son enfant.

— Misérable! avez-vous eu le courage?.....

— Je ne puis dire si je l'aurais eu ou non. Je retournai si vite dans ma cabane, que je ne sentais pas la terre sous mes pieds. Mais je n'y trouvai plus Theresa; je n'y trouvai plus l'enfant; tout ce qui avait vie en était parti; il n'y restait qu'un corps inanimé.

— Et n'avez-vous jamais su quel fut le destin de mon enfant?

— Jamais; je ne pus que le deviner : je connaissais les intentions de votre mère, et je savais que Theresa était un démon incarné. Jamais on ne la revit en Écosse, et j'ai entendu dire qu'elle était retournée dans son pays. Un voile épais couvrit tout ce qui s'était passé, et ceux qui en avaient su quelque chose n'y virent qu'une séduction et un suicide; vous-même........

— Je sais, je sais tout.

— Sans doute, vous savez à présent tout ce que je pourrais vous dire. Et maintenant, héritier de Glenallan, pouvez-vous me pardonner?

— Implorez le pardon de Dieu, mais n'attendez pas celui d'un homme, dit le comte en se détournant.

— Et comment demanderai-je à un être pur et sans souillure ce qui m'est refusé par un pécheur comme moi? Si j'ai péché, n'ai-je pas souffert? Ai-je eu un seul jour tranquille, une seule heure de repos, depuis que sa longue chevelure trempée par l'eau de la mer a reposé sur mon oreiller à Craigburnsfoot? Ma maison n'a-t-elle pas été brûlée avec un de mes enfans au berceau? Mes deux barques n'ont-elles pas été englouties avec mon mari et deux de mes fils, quand les autres rentraient heureusement dans le port? Tout ce qui m'était cher n'a-t-il pas porté la peine de mon péché? Le feu, les vents, la mer n'ont-ils pas eu leur part de la proie? Et plût à Dieu, ajouta-t-elle en levant un instant les yeux vers le ciel, et en les baissant aussitôt, plût à Dieu que la terre eût aussi pris la part qui lui est due de celle qui attend la mort depuis si long-temps!

Lord Glenallan avait gagné la porte de la cabane; mais sa générosité naturelle ne lui permit pas d'abandonner cette malheureuse femme au désespoir de la réprobation. — Elspeth, lui dit-il, puisse Dieu vous pardonner comme je vous pardonne! Implorez la miséricorde de celui qui peut seul vous la faire, et puissent vos prières être entendues comme si c'étaient les miennes. Je vous enverrai un ecclésiastique.

— Non, non! s'écria-t-elle avec force; point de prêtre! point de prêtre. — Mais la porte de la chaumière s'ouvrit en ce moment, et l'arrivée d'un tiers ne lui permit pas d'en dire davantage.

CHAPITRE XXXIV.

« Cette main que la mort a rendue insensible
» Retient pourtant encor ce fil indestructible
» Qui du cœur paternel fait mouvoir les ressorts.
» Tel le membre que l'art a séparé du corps
» Avec le corps conserve un rapport bien étrange (1). »

Ancienne comédie.

Nous avons vu à la fin du chapitre XXXI que M. Blattergowl avait offert à notre antiquaire de le reconduire jusqu'à Monkbarns. Il lui avait même promis de le régaler, chemin faisant, d'un extrait du meilleur discours qu'il eût jamais entendu dans la cour des dîmes, et prononcé par le pro-curateur de l'Église, dans le cas de la

(1) Allusion à la douleur qu'on croit ressentir quelquefois dans un membre amputé. — Éd.

paroisse de Gatherem. M. Oldbuck résista à cette invitation, et reprit solitairement le chemin qui conduisait à la chaumière de Mucklebackit. Lorsqu'il en fut à peu de distance, il vit sur le rivage un homme occupé à réparer une barque tirée sur le sable; et, s'en étant approché, il fut surpris de reconnaître Mucklebackit. — Je suis charmé, Saunders, lui dit-il d'un ton amical, que vous ayez pu prendre sur vous de vous livrer à quelque occupation.

— Et que voulez-vous que je fasse? lui dit le pêcheur d'un ton d'humeur. Parce qu'un de mes enfans s'est noyé, faut-il que je laisse mourir les autres de faim? Vous autres riches, vous pouvez rester chez vous, un mouchoir à la main, quand vous perdez un parent; mais nous, il n'en faut pas moins travailler, quand nos cœurs battraient aussi fort que le marteau sur cette planche.

Sans faire plus d'attention à Oldbuck, il se remit à l'ouvrage; et l'antiquaire, pour qui le spectacle de la nature humaine sous l'influence des passions qui l'agitent n'était pas indifférent, resta devant lui, appuyé sur sa canne, comme s'il eût examiné les progrès de son travail. Il remarqua plus d'une fois que, par la force de l'habitude, le pêcheur, en faisant jouer la scie et le marteau, était sur le point d'accompagner le bruit de ses outils en sifflant ou en fredonnant suivant son usage; mais un mouvement convulsif dans ses traits annonçait qu'il existait en lui un sentiment plus fort qui supprimait les sons avant qu'ils sortissent de ses lèvres. Enfin, après avoir bouché une voie d'eau, il commença à travailler à une autre; mais il n'avait plus la force de donner à son ouvrage le degré d'attention nécessaire.

La planche qu'il s'apprêtait à clouer était d'abord trop longue. Il la scia, et elle se trouva trop courte : il en choisit une autre, elle ne convenait pas mieux ; il la jeta avec un mouvement de colère, et s'écria en essuyant d'une main tremblante ses yeux troublés : — Il y a une malédiction sur moi et sur cette chienne de barque ! Ne l'ai-je manœuvrée et radoubée pendant tant d'années que pour qu'elle finît par noyer mon pauvre Steenie ? Qu'elle aille au diable ! — Et il lança son marteau contre elle avec force, comme s'il eût dépendu d'elle de lui épargner ce malheur. Revenant ensuite à lui :—Pourquoi me mettre en colère contre elle ? ajouta-t-il : elle n'a ni sens ni ame ; ce ne sont que de vieilles planches clouées ensemble, et battues par les vents et par les eaux. Je ne vaux guère mieux moi-même, et j'ai aussi supporté le gros temps, non-seulement sur mer, mais sur terre. Il faut qu'elle soit radoubée pour la marée de demain, c'est une chose nécessaire.

Il ramassa ses outils, et il allait se remettre à l'ouvrage, quand Oldbuck, le prenant par le bras, lui dit avec bonté : — Saunders, vous n'êtes pas en état de travailler aujourd'hui. Je vais envoyer Shavings, le charpentier, visiter votre barque ; il y fera tout ce qui sera nécessaire, et je me charge de le payer. Passez demain la journée avec votre famille ; tâchez de vous consoler de votre malheur ; je vous enverrai de Monkbarns ce qui vous sera nécessaire.

— Je vous remercie, Monkbarns, répondit le pauvre pêcheur ; je n'ai pas la langue dorée, je ne puis vous faire de beaux discours ; ma mère aurait pu me l'apprendre, il y a bien des années : mais je ne vois pas que toute sa science lui ait fait grand bien. Tout ce que je puis vous dire, c'est que je vous remercie. Vous avez toujours été charitable pour vos voisins, quoiqu'il y ait bien des gens qui disent que vous y regardez de près, et que vous avez la main serrée. Dans le temps où l'on cherchait à soulever les pauvres contre les riches, j'ai dit bien des fois que personne n'arracherait un cheveu de la tête de Monkbarns, tant que Steenie et moi nous pourrions remuer un doigt; et Steenie en disait tout autant. Quand vous avez porté sa tête dans le cercueil, et je vous dois bien des remerciemens pour l'honneur que vous lui avez fait, vous avez vu couvrir de terre un honnête garçon qui vous était attaché, quoiqu'il n'en fît pas grand bruit.

Oldbuck sentit s'évanouir tout l'orgueil de son cynisme affecté, et il n'aurait pas voulu pour bien des choses avoir près de lui en ce moment quelqu'un qui lui citât ses maximes favorites de philosophie stoïcienne. Il sentait de grosses larmes tomber de ses yeux, tout en engageant le malheureux père, dont l'affliction redoublait tandis qu'il rappelait les sentimens généreux de son fils, à ne pas se livrer à une douleur devenue inutile. Enfin, le prenant par le bras, il l'entraîna vers sa cabane, où une autre scène attendait notre antiquaire.

La première personne qu'il aperçut en y entrant fut lord Glenallan. Ils se reconnurent, et montrèrent tous deux beaucoup de surprise en se saluant, M. Oldbuck avec un air de réserve hautaine, et le comte avec une sorte d'embarras.

— Lord Glenallan, je crois? dit l'antiquaire.

— Oui, bien différent de ce qu'il était quand il fit connaissance avec M. Oldbuck.

— Je me retire, milord; je ne m'attendais pas à trouver ici Votre Seigneurie : je ne venais que pour voir cette famille affligée.

— Et vous avez trouvé, monsieur, quelqu'un qui a encore de plus grands droits à votre compassion.

— A ma compassion! Lord Glenallan ne peut avoir besoin de ma compassion; et quand il en aurait besoin, je doute qu'il voulût me la demander.

— Notre ancienne connaissance, M. Oldbuck.....

— Elle remonte si loin, milord, elle a duré si peu de temps, et elle se rattache à des circonstances si pénibles, que je crois que nous pouvons nous dispenser de la renouveler. Bonjour, milord.

A ces mots, l'antiquaire se détourna et sortit de la chaumière. Mais lord Glenallan, en dépit de cette froideur glaciale, le suivit sur-le-champ, lui demanda quelques minutes d'entretien, et le pria de lui donner son avis sur un objet important.

— Vous trouverez, milord, bien des gens plus en état que moi de vous donner des avis, et qui se feront un honneur d'être consultés par Votre Seigneurie. Quant à moi, je suis un homme retiré du monde et des affaires; je ne me soucie nullement de fouiller dans le passé pour me rappeler les événemens d'une vie inutile, et vous me pardonnerez, milord, si j'ajoute qu'il me serait surtout bien pénible de revenir sur cette époque où nous agîmes, moi comme un fou, et vous..... Il s'arrêta.

— Comme un scélérat, voulez-vous dire? Je dois vous avoir paru tel.

— Milord, milord, je n'ai nulle envie d'entendre votre confession.

— Mais si je puis vous démontrer, M. Oldbuck, que

j'ai été plus malheureux que coupable, plus malheureux qu'il ne serait possible de vous le peindre; oui! vous avez devant les yeux un homme à qui la tombe seule offre en ce moment l'espoir du repos; vous ne refuserez pas d'écouter celui qui regarde le hasard qui vous a amené près de lui en cet instant critique, comme une manifestation des volontés du ciel.

— Assurément, milord, il ne m'est plus possible de me refuser à la continuation de cet entretien extraordinaire.

— Je vous rappellerai donc que nous nous rencontrâmes bien des fois au château de Knockwinnock, il y a vingt ans et plus, et je présume que vous n'avez pas oublié la jeune dame qui y demeurait alors.

— Non, milord, je n'ai pas oublié l'infortunée miss Eveline Neville.

— Pour qui vous aviez conçu des sentimens...

— Fort différens de ceux que j'avais voués auparavant, et que j'ai voués depuis à tout son sexe. Sa douceur, sa sensibilité, le plaisir qu'elle prenait aux études que je lui indiquais, m'inspirèrent plus d'affection qu'il ne convenait à mon âge, quoiqu'il ne fût pas encore très-avancé, et à la gravité de mon caractère. Mais je n'ai pas besoin de vous rappeler toutes les occasions où la gaieté de Votre Seigneurie se divertit aux dépens d'un homme menant une vie studieuse et retirée, gauche et embarrassé pour exprimer des sentimens si nouveaux pour lui, et je ne doute pas que la jeune dame ne trouvât quelque plaisir à me tourner aussi en ridicule; c'est l'usage de toute la race femelle. Je vous parle ainsi, milord, des offres que je fis et du refus que j'essuyai, pour que vous soyez assuré que toutes ces circonstances pénibles sont encore présentes à ma mémoire, et que vous puissiez, en ce qui me concerne, me dire tout ce qu'il vous plaira, sans scrupule et sans une délicatesse inutile.

— Je profiterai de cette permission; mais je dois d'abord vous dire que vous commettez une injustice envers la mémoire de la plus douce, de la meilleure et de la plus malheureuse des femmes, en supposant qu'elle pouvait se faire un jeu de l'attention honorable d'un homme tel que vous. Elle me reprocha bien des fois le ton léger avec lequel je vous plaisantais. Et maintenant, M. Oldbuck, puis-je espérer que vous me pardonnerez des saillies de gaieté qui vous ont offensé? Hélas! depuis ce temps il ne m'en est point échappé une seule qui puisse me mettre dans le cas d'offrir des excuses à qui que ce soit.

— Vous avez un plein pardon, milord. Vous savez que, partageant l'erreur générale, j'ignorais que vous étiez mon rival. Je regardais miss Neville comme dans un pénible état de dépendance qui pouvait lui faire accepter la main d'un homme qu'elle eût épousé sans se dégrader. Mais à quoi bon ces détails? Je voudrais pouvoir croire que les vues que d'autres avaient sur elle étaient aussi honorables que les miennes.

— M. Oldbuck, vous jugez sévèrement.

— Et ce n'est pas sans cause, milord, quand moi seul, de tous les magistrats du comté, moi qui n'avais ni l'honneur, comme quelques-uns d'entre eux, d'être allié à votre famille, ni, comme les autres, la bassesse de la craindre, j'entamai une enquête sur la mort de miss Neville. Je rouvre vos plaies, milord, mais je dois être franc. Je vous déclare que j'avais toutes les raisons possibles de croire qu'elle avait été la victime de quelque trame infernale; qu'elle avait été trompée par un faux mariage, ou qu'on avait pris des mesures pour anéantir toutes les preuves d'une union légale. Et je suis intimement convaincu que cette cruauté de la part de Votre Seigneurie, soit qu'elle fût l'effet de votre propre volonté, soit qu'elle eût pour cause l'influence de votre mère, poussa la malheureuse jeune dame à l'acte de désespoir qui termina sa vie.

— Vous vous trompez en partie, M. Oldbuck, et vos conclusions ne sont pas justes, quoiqu'elles naissent naturellement des circonstances. Croyez-moi, je vous respectais, même dans l'instant où vous m'embarrassiez le plus par l'activité de vos informations sur nos malheurs de famille. Vous prouviez que vous étiez plus digne que moi de miss Neville, par l'énergie que vous mettiez à soutenir sa réputation, même après sa mort. Mais la ferme croyance que tous vos efforts ne pouvaient aboutir qu'à mettre au grand jour une histoire dont les détails n'étaient que trop horribles, me décida à seconder les efforts de ma mère pour détruire toutes les preuves du mariage légal qui avait uni mon sort à celui d'Eveline. A présent asseyons-nous sur ce gazon, car je me sens hors d'état de rester debout plus long-temps, et ayez la bonté d'écouter l'histoire de la découverte extraordinaire que j'ai faite aujourd'hui.

Quand ils furent assis, lord Glenallan raconta brièvement à M. Oldbuck ce que nos lecteurs connaissent déjà, son mariage secret et l'horrible mensonge employé par sa mère pour empêcher l'union qui avait déjà eu lieu. Il lui détailla comment la comtesse, ayant entre les mains toutes les pièces relatives à la naissance de miss Neville, ne lui avait montré que celles qui avaient rapport à une époque à laquelle le père du comte avait consenti, pour des raisons de famille, que cette jeune personne passât pour sa fille naturelle; et il lui fit voir qu'il était impossible qu'il soupçonnât sa mère d'imposture, quand sa déclaration se trouvait appuyée sur des lettres de son père, et confirmée par le serment d'Elspeth et de Theresa.

— Je quittai la demeure paternelle, ajouta-t-il, comme si j'eusse été poursuivi par les furies. Je ne sais ni où j'allai, ni ce que je devins, et je n'ai plus le moindre souvenir de ce que je fis jusqu'au moment où le hasard me fit découvrir par mon frère. Je ne vous parlerai pas d'une longue maladie que je fis. Ce ne fut que quelque temps après que je me hasardai à demander des nouvelles de celle qui avait partagé mon infortune, et que j'appris que son désespoir avait trouvé un remède terrible à tous les maux de la vie. Je restai plongé dans une sorte de stupeur léthargique, et la première chose qui m'en tira fut l'enquête que vous faisiez sur cette cruelle affaire. Vous ne pouvez guère être surpris que, croyant ce que je croyais, j'aie concouru aux mesures que ma mère et mon frère avaient déjà commencé à prendre pour vous arrêter dans cette procédure. Les informations que je leur donnai sur notre mariage secret les mirent en état de déjouer tous les efforts de votre zèle. L'ecclésiastique qui l'avait célébré, les témoins qui y avaient assisté, étaient des gens qui n'avaient agi que pour plaire à l'héritier de Glenallan; ils se laissèrent intimider par ses menaces et gagner par ses libéralités, et une somme d'argent considérable les détermina à changer de pays.

— Quant à moi, continua-t-il, je me considérai dès lors comme rayé du livre des vivans, et comme n'ayant plus rien de commun avec le monde. Ma mère employa tous les moyens possibles pour me réconcilier avec la vie. Elle me dit même des choses qui, comme je le conçois à présent, étaient destinées à me donner des doutes sur la vérité des horribles révélations qu'elle m'avait faites. Mais je regardais ces insinuations indirectes comme des fictions suggérées par l'amour maternel. Je m'abstiendrai de tous reproches ; elle n'existe plus ; et, comme vient de me le dire sa misérable complice, elle ignorait que le dard dont elle me perça fût empoisonné, et qu'il dût pénétrer si profondément dans mon cœur. Mais, M. Oldbuck, si, depuis vingt ans et plus, un être digne de votre pitié a rampé sur la terre, c'est celui qui est devant vous. Mes alimens ne m'ont pas nourri, mon sommeil ne m'a procuré aucun repos, ma piété aucune consolation ; toutes les sources du plaisir se sont taries pour moi. Le peu de relations que j'avais avec les autres hommes m'étaient en horreur, et il me semblait que tout ce qui m'approchait était souillé par la contagion d'un crime qui fait frémir la nature. Il y avait des momens où je songeais à m'exposer aux dangers de la guerre, à voyager dans des pays éloignés et barbares, à me lancer dans les intrigues politiques, ou à me vouer à la réclusion austère des cénobites de notre religion. Tous ces projets se présentèrent alternativement à mon esprit ; mais pour en exécuter quelqu'un il fallait une énergie qui ne m'appartenait plus. Imagination, jugement, santé, tout subissait en moi une décadence successive ; je ne végétais plus que comme l'arbre qu'on a dépouillé de son écorce, et qui voit se flétrir d'abord ses boutons, ensuite ses feuilles, et enfin ses branches. Me refuserez-vous à présent votre compassion et un pardon que j'implore?

— Non, milord, non, répondit l'antiquaire d'un ton ému; votre déplorable histoire n'explique que trop naturellement tout ce qu'il y eut d'extraordinaire et de mystérieux dans votre conduite ; elle forcerait aux larmes et à la pitié vos plus cruels ennemis, et croyez, milord, que je n'ai jamais été de ce nombre. Mais permettez-moi de vous demander ce que vous avez dessein de faire à présent, et pourquoi vous avez honoré de votre confiance en cette occasion un homme dont l'opinion est de si peu d'importance?

— M. Oldbuck, répliqua le comte, comme je n'aurais jamais pu prévoir la nature des aveux que j'ai entendus aujourd'hui, je n'ai pas besoin de vous dire que je n'avais pas formé le projet de prendre votre avis ni celui de personne sur ce que je ne pouvais pas même soupçonner. Mais je suis sans amis, étranger aux affaires, et, par suite de la retraite dans laquelle j'ai vécu si long-temps, également étranger aux lois du pays et aux usages de la génération actuelle; et ce que je viens d'apprendre me jette dans une situation si inattendue que je m'attache au premier appui qui s'offre à moi. Je vous ai toujours entendu citer, M. Oldbuck, comme un homme plein de sagesse et d'intelligence; j'ai vu par moi-même que vous avez un esprit ferme et indépendant; enfin, il existe une circonstance qui doit nous rapprocher, c'est que nous avons tous deux rendu hommage aux vertus et aux qualités de l'infortunée Eveline. Vous connaissiez déjà le commencement de mes infortunes; je viens de vous apprendre ce que vous ignoriez, et c'est à vous que je m'adresse pour obtenir secours, conseils et compassion.

— Et rien de tout cela ne vous sera refusé, milord, du moins autant que mes faibles moyens le permettront; je me trouve honoré de la préférence que vous m'accordez, n'importe que je la doive au hasard ou à votre volonté. Mais c'est une affaire qui exige de mûres réflexions. Puis-je vous demander quel est votre projet en ce moment?

— De chercher à m'assurer du sort de mon fils, quelles qu'en puissent être les conséquences, et de rétablir l'honneur d'Eveline, que je n'ai consenti à exposer aux soupçons, qu'afin d'éviter la découverte d'une tache encore plus horrible à l'existence de laquelle on avait eu la cruauté de me faire croire.

— Et la mémoire de votre mère?

— Supportera le poids de ses fautes, répondit le comte, si cela devient indispensable. Il vaut mieux qu'elle soit convaincue d'imposture que de nous laisser accuser, Eveline et moi, de crimes bien plus épouvantables.

— Alors, milord, notre premier soin doit être de prendre la déposition de la vieille Elspeth en forme régulière et authentique.

— Je crains que cela ne soit impossible à présent. Elle est épuisée, et entourée d'une famille désolée. Demain peut-être, quand elle sera seule..... Et cependant elle a des idées si imparfaites de ce qui est juste ou injuste, que je doute qu'elle veuille parler en présence de tout autre que moi. Je suis moi-même si fatigué en ce moment.....

— Alors, milord, dit l'antiquaire, l'intérêt du moment lui faisant oublier la dépense et le soin de ses aises, choses qui avaient ordinairement sur lui une assez grande influence,— au lieu de retourner, fatigué comme vous l'êtes, au château de Glenallan, ou, ce qui serait encore pire, d'aller chercher un gîte dans une mauvaise auberge de Fairport, ce qui mettrait en mouvement toutes les langues de la ville, veuillez accepter l'hospitalité à Monkbarns pour cette nuit. Demain ces bonnes gens auront repris leurs occupations, car le chagrin ne leur accorde pas l'exemption du travail; nous irons voir la vieille Elspeth quand elle sera seule, et nous recevrons légalement sa déposition.

Lord Glenallan se défendit d'abord sur l'embarras que sa visite pourrait occasioner, et finit par accepter cette proposition. Ils se mirent en marche, et, chemin faisant, le comte écouta avec patience toute l'histoire de John de Girnell, légende dont jamais M. Oldbuck ne faisait grace à quiconque passait le seuil de sa porte.

L'arrivée d'un hôte d'une telle importance, suivi d'un domestique en grand deuil conduisant deux chevaux de selle qui portaient de superbes harnois sur lesquels brillait une couronne de comte, produisit une commotion générale dans la demeure paisible de l'antiquaire. Jenny Rintherout, à peine remise d'une attaque de nerfs qu'elle avait éprouvée en apprenant la mort du pauvre Steenie, se mit à poursuivre dindons et poulets dans la basse-cour, caqueta et cria plus haut qu'eux, et finit par en tuer une demi-douzaine de trop. Miss Griselda fit *in petto* de fort sages réflexions sur le coup de tête de son frère, qui, en amenant chez lui si soudainement un lord papiste, avait nécessité une telle dévastation. Elle se hasarda même à faire donner à

M. Blattergowl un avis indirect du carnage qui venait d'avoir lieu dans la basse-cour, ce qui détermina le digne ministre à venir sur-le-champ s'informer si M. Oldbuck était rentré sain et sauf chez lui, et si la cérémonie des obsèques ne l'avait pas trop fatigué. La cloche du dîner était sur le point de sonner quand il arriva, de sorte que l'antiquaire ne crut pas pouvoir se dispenser de l'inviter à rester et à dire le *benedicite*. Miss Mac-Intyre de son côté ne laissait pas d'être curieuse de voir ce puissant seigneur dont tout le monde parlait comme les sujets d'un calife ou d'un sultan de l'Orient parlent de leur maître; mais cette curiosité n'était pas sans mélange d'une sorte de crainte, et elle éprouvait une timidité plus qu'ordinaire à l'instant de se trouver devant un homme sur le caractère grave et austère duquel on faisait courir tant d'histoires. D'une autre part, la vieille femme de charge perdait presque l'esprit en cherchant à exécuter les ordres multipliés et souvent contradictoires de sa maîtresse, relativement à la pâtisserie, aux confitures et aux fruits, à la manière d'arranger le dîner sur la table, à l'attention nécessaire pour ne pas laisser tourner une sauce blanche, et au soin tout particulier qu'elle devait prendre pour ne pas laisser entrer Junon dans la cuisine; car, quoique bannie de la salle à manger, Junon n'en continuait pas moins à marauder dans les environs.

Le seul habitant de Monkbarns qui conservât une tranquillité parfaite au milieu de cette agitation universelle, était Hector Mac-Intyre, sur qui la présence d'un comte ne faisait pas plus d'impression que celle d'un roturier. La seule réflexion que lui inspira cette visite fut qu'elle le mettrait probablement à l'abri du mécontentement de son oncle, si celui-ci avait trouvé mauvais qu'il ne l'eût pas accompagné aux obsèques du jeune pêcheur, et qu'elle lui épargnerait quelques railleries sur son malheureux combat singulier avec le *phoca* ou veau marin.

Oldbuck présenta lord Glenallan à toute sa famille, et le comte écouta avec complaisance et civilité le discours apprêté de l'honnête ministre, et les excuses prolongées de miss Griselda, qui regrettait que la brièveté du temps ne lui permît pas de recevoir Sa Seigneurie comme elle l'aurait désiré, excuses que son frère tâcha inutilement d'abréger. Lord Glenallan demanda la permission de se retirer, quelques instans avant le dîner, dans la chambre qui lui était destinée, et M. Oldbuck le conduisit dans la chambre verte, déjà préparée pour le recevoir. Le comte regarda autour de lui avec un air de souvenir pénible.

— Il me semble, M. Oldbuck, dit-il enfin, que je suis déjà venu dans cet appartement.

— Oui, milord, répondit l'antiquaire, vous y êtes venu du château de Knockwinnock, il y a plus de vingt ans; et puisque nous en sommes sur ce triste sujet, vous vous rappelez peut-être quelle est la personne dont le goût a choisi les vers de Chaucer que vous voyez brodés au bas de la tapisserie.

— Je ne m'en souviens pas, dit le comte, mais je le devine aisément. Son goût et ses connaissances la mettaient au-dessus de moi aussi-bien que ses autres qualités. C'est un mystère des voies de la Providence, M. Oldbuck, qu'une créature douée de tant de graces, de talens et de vertus, ait été retirée du monde d'une manière si prompte et si funeste, par suite du fatal attachement qu'elle avait conçu pour un être aussi indigne d'elle que je l'étais.

M. Oldbuck n'essaya pas de répondre à cette exclamation arrachée par le chagrin qui déchirait le cœur de son hôte. Il pressa la main de lord Glenallan dans une des siennes, et passant l'autre sur les cils épais de ses paupières pour dissiper un nuage qui obscurcissait sa vue, il laissa le comte se livrer en liberté à ses réflexions jusqu'à l'heure du dîner.

CHAPITRE XXXV.

« Oui, la vie est pour vous le vin délicieux
» Dont s'abreuve à longs traits un convive joyeux,
» Qui réchauffe le cœur, enflamme le génie ;
» Mais qu'est-elle pour moi ? rien que l'impure lie
» Qui reste au fond du verre, et que chacun soudain
» Comme un vil résidu rejette avec dédain. »

Ancienne comédie.

— Voyez donc, M. Blattergowl, à quoi pense mon frère, lui qui est un homme sensé et savant, d'amener ce comte à la maison, sans en dire un mot à personne ! — Et puis le malheur arrivé dans la famille Mucklebackit ! — Nous ne pourrons avoir une nageoire de poisson ; — il est trop tard pour envoyer chercher du bœuf à Fairport ; nous n'avons que du mouton fraîchement tué, et cette sotte de Jenny Rintherout semble avoir perdu la tête depuis deux jours, tantôt riant et tantôt pleurant ? — Ensuite il faudra donc que ce grand laquais, qui est aussi grave que le comte lui-même, se tienne planté comme un piquet derrière la table! Je ne puis même aller voir comment tout se passe à la cuisine, car il y est à apprêter je ne sais quel ragoût pour son maître, qui ne mange pas comme tout le monde. Et que faire de ce domestique pendant le dîner? En vérité, M. Blattergowl, tout cela confond mon intelligence.

— Il est très-vrai, miss Griselda, répondit le ministre, que Monkbarns a agi inconsidérément. Il aurait dû faire son invitation vingt-quatre heures d'avance, et vous en donner avis. Je dois ajouter cependant que le comte ne pouvait descendre à l'improviste dans aucune maison de cette paroisse où il eût trouvé meilleure chère, car le parfum de la cuisine vient chatouiller agréablement mon odorat. Mais si quelques soins domestiques vous appellent, miss Griselda, ne me traitez pas en étranger. Je m'amuserai avec cet exemplaire des instituts d'Erskine (1).

Et ouvrant au hasard cet in-folio, (qui est pour le code d'Écosse ce qu'est le commentaire de Coke sur Littleton) il tomba comme par instinct sur le dixième chapitre du livre second, qui traite des dîmes, et il ne tarda pas à s'enfoncer profondément dans une discussion abstraite sur la temporalité des bénéfices.

Le dîner qui causait tant d'inquiétudes à miss Oldbuck fut enfin servi, et lord Glenallan, pour la première fois depuis plus de vingt ans, s'assit à une table étrangère. Il était tenté de croire qu'il était dans le délire d'un rêve, ou dans la situation d'un homme dont le cerveau

(1) Jurisconsulte qu'il ne faut pas confondre avec le lord Erskine.
ÉD.

n'est pas encore bien purifié des fumées de l'ivresse. Délivré ce jour-là de l'image du crime qui avait effrayé son imagination, il éprouvait que le poids de ses chagrins était plus supportable, mais il était encore hors d'état de prendre part à la conversation. Il est vrai qu'elle était d'un genre bien différent de celle à laquelle il était accoutumé. La brusque franchise d'Oldbuck, les ennuyeuses harangues apologétiques de miss Griselda, le pédantisme du ministre, et la vivacité du jeune militaire, qui connaissait mieux les camps que la cour, tout cela était complètement nouveau pour un seigneur qui avait passé dans la retraite et dans la mélancolie un si grand nombre d'années que les mœurs du monde lui semblaient à la fois étranges et déplaisantes. Miss Mac-Intyre, par sa politesse naturelle, et par sa simplicité sans prétentions, était la seule qui parût appartenir à cette classe de la société à laquelle il avait été habitué pendant sa jeunesse, dans un temps plus heureux.

La conduite de lord Glenallan ne causa pas moins de surprise à la compagnie. En vain on avait servi un dîner de famille excellent, quoique simple, car M. Blattergowl n'avait pas eu tort de dire qu'il était impossible de surprendre miss Griselda sans provisions dans l'office ; en vain l'antiquaire vanta son vieux vin de Porto, et le compara au falerne d'Horace ; lord Glenallan fut à l'épreuve de toutes ces tentations. Son domestique plaça devant lui un plat de légumes, arrangés avec la plus scrupuleuse propreté, et dont miss Griselda l'avait vu s'occuper dans la cuisine. Le comte en mangea avec sobriété, et un verre d'eau pure et limpide compléta son repas. Son domestique dit à Jenny que telle était la nourriture de son maître depuis bien des années, sans autre exception que les grandes fêtes de l'Église, et les jours où l'on recevait au château de Glenallan des hôtes de la première distinction. En ces occasions, il se relâchait un peu de l'austérité de sa diète, et se permettait un ou deux verres de vin. Mais à Monkbarns, un anachorète n'aurait pu faire un repas plus simple et plus frugal.

Notre antiquaire, comme nous l'avons vu, n'était pas dépourvu d'une certaine dose de sensibilité, mais l'habitude qu'il avait de vivre avec des gens devant lesquels il n'avait pas à se gêner, l'avait accoutumé à ne jamais farder ses sentimens, et à dire sans périphrase tout ce qui lui passait par l'esprit. Il attaqua donc, sans le moindre scrupule, son noble convive sur la sévérité de son régime.

— Des pommes de terre, des choux cuits à l'eau et à moitié froids, un verre d'eau à la glace pour les faire passer! L'antiquité n'offre rien qui justifie une telle diète, milord. Cette maison était autrefois un *hospitium*, un lieu de retraite pour les chrétiens; mais le régime de Votre Seigneurie est celui d'un pythagoricien, d'un bramine; il est même encore plus austère, si vous refusez cette belle pomme.

— Vous n'ignorez pas que je suis catholique, dit lord Glenallan désirant éviter cette discussion, et vous savez que notre Église.....

— Établit des règles de mortification, mais je ne sache pas qu'elles aient jamais été si rigoureusement mises en pratique. J'en citerai pour preuve John de Girnell, ou le joyeux abbé qui donna son nom à cette pomme.

Et tout en pelant le fruit l'antiquaire raconta l'anecdote que nos lecteurs ont déjà lue dans le chapitre IV du I*er* volume de cette histoire, et qui avait fait la célébrité de *l'arbre*. Il poursuivit son récit d'un air malicieux et avec plus de détails qu'il ne fallait, malgré les *fi donc!* de sa sœur, la toux du ministre et la manière expressive dont celui-ci secouait sa large perruque. Ses plaisanteries n'eurent pas de succès ; car, comme on doit bien le présumer, cette anecdote de galanterie claustrale ne fit pas naître un sourire sur les lèvres du comte. Oldbuck entama alors un autre sujet d'entretien, et parla d'Ossian, de Mac-Pherson et de Mac-Crib; mais ces trois noms étaient également inconnus à lord Glenallan, tant il était peu au courant de la littérature moderne. La conversation courait alors le risque de se ralentir ou de tomber entre les mains du révérend Blattergowl, qui avait déjà prononcé le mot redoutable *dîmes*, quand le hasard mit sur le tapis la révolution de France, événement politique que le comte ne regardait qu'avec l'horreur que lui inspiraient ses préjugés religieux et aristocratiques. Oldbuck ne portait pas si loin la haine des principes révolutionnaires.

— Il se trouvait dans l'assemblée constituante, dit-il, des hommes qui professaient la saine doctrine des Wighs, et qui voulaient établir un gouvernement protecteur de la liberté du peuple. Si une bande de furieux et de scélérats se sont maintenant emparés de l'administration, c'est ce qui est arrivé plus d'une fois dans de grandes révolutions. L'état ressemble à un pendule agité qui s'écarte de droite et de gauche avant de reprendre le balancement perpendiculaire et réglé qui lui convient. C'est un orage, un ouragan, qui passant sur une contrée, y répand une désolation momentanée, mais qui, entraînant des vapeurs malfaisantes, l'en dédommage ensuite par une plus grande fertilité.

Le comte secoua la tête, mais il n'avait ni la force ni l'envie de soutenir une discussion, et il laissa passer les argumens de l'antiquaire sans chercher à y répondre.

Ce sujet de conversation permit à Hector d'y prendre part. Il parla de ses campagnes et des différentes occasions où il avait vu le feu, avec modestie, mais avec un enthousiasme qui enchanta le comte, qui comme ses ancêtres avait été élevé dans la ferme croyance que le métier des armes était la plus noble occupation de l'homme, et dans l'esprit duquel avoir porté les armes contre la France, c'était s'être sanctifié par une sorte de croisade.

— Que ne donnerais-je pas, dit-il à part à Oldbuck quand ils se levèrent de table afin d'aller rejoindre les dames dans le salon, pour avoir un fils semblable à votre neveu ! Il lui manque peut-être ce poli, ce vernis que l'usage du monde et de la bonne société lui donnerait bientôt; mais avec quelle ardeur il s'exprime ! comme il aime sa profession ! avec quel feu il fait l'éloge des autres ! comme il parle modestement de lui-même !

— Hector vous a beaucoup d'obligation, milord; je crois en vérité que personne n'en a jamais dit la moitié autant de bien, si ce n'est peut-être le sergent de sa compagnie quand il veut enjôler quelque montagnard pour en faire une recrue. Cependant c'est un brave garçon, mais je ne le regarde pas comme aussi parfait que vous voulez bien le supposer, et je fais plus de cas de la bonté de son cœur que de la vivacité de son caractère. Je puis vous assurer que son enthousiasme tient à une impétuosité naturelle qui ne le quitte jamais, et qui souvent est fort à charge à ses amis. Je l'ai vu aujourd'hui attaquer en combat singulier un *phoca*, veau marin, (un *seal*, mais nos gens du peuple disent *sealgh*, en conservant cette diphthongue gutturale gothique *gh*), avec la même ardeur que s'il eût combattu contre Dumourier. Et morbleu, milord, le *phoca* a été vainqueur, comme Dumourier l'a été plus d'une fois. Il vous parlera avec autant et peut-être avec plus d'enthousiasme des talens de sa chienne Junon pour la chasse, que du plan de campagne le mieux combiné.

— Puisqu'il aime cet exercice, dit le comte, il peut, quand bon lui semblera, s'y livrer sur toute l'étendue de mes domaines.

— Vous voulez donc l'attacher à vous corps et ame, milord? Permettez-lui de tirer sur une pauvre compagnie de perdrix, ou sur une volée de canards sauvages, et il est à vous pour jamais. Je vais l'enchanter en lui apprenant cette nouvelle. Mais, milord, si vous aviez pu voir mon phénix Lovel! le prince, le roi des jeunes gens de ce siècle! Et ne croyez pas pourtant que le sang ne bouillonne pas dans ses veines. Je vous réponds qu'il a bien rivé le clou à mon neveu; il lui a fait voir un Roland pour un Olivier, comme on le dit en faisant allusion à deux célèbres paladins de la cour de Charlemagne (1).

Après le café, lord Glenallan demanda un entretien particulier à l'antiquaire, qui le conduisit dans son cabinet.

(1) *Un Roland pour un Olivier* : cette phrase, devenue proverbiale en Angleterre, est plus noble que le proverbe équivalent de notre langue : *à bon chat bon rat.* — Éd.

— Il faut, lui dit le comte, que je vous sépare de votre aimable famille, pour vous prier de servir de guide à un infortuné qui réclame vos soins. Vous connaissez le monde, et je m'en suis banni depuis long-temps. Le château de Glenallan est ma prison plutôt que ma demeure; prison volontaire, mais dont je n'ai pas eu le courage de sortir.

— Permettez-moi d'abord de vous demander quelles sont vos vues, quels sont vos désirs dans cette affaire?

— Je désire vivement reconnaître mon mariage, et rétablir ainsi la réputation de la malheureuse Eveline; mais je désirerais qu'il fût possible de faire cet acte de justice sans rendre publique la conduite de ma mère.

— *Suum cuique tribuito*, milord; il faut rendre à chacun ce qui lui est dû. La mémoire de miss Neville n'a souffert que trop long-temps, il faut avant tout songer à la justifier. Au surplus il me semble qu'on peut le faire sans compromettre directement celle de votre mère. On peut se borner à dire qu'elle s'était positivement opposée à ce mariage. Et pardonnez-moi, milord, si j'ajoute que quiconque a connu la comtesse de Glenallan n'aura pas de peine à le croire.

— Mais vous oubliez une circonstance horrible, M. Oldbuck.

— Non pas que je sache.

— Ce destin de l'enfant, sa disparition avec une des confidentes de ma mère, et les affreuses conséquences qu'on peut tirer des aveux qu'Elspeth m'a faits ce matin.

— Si vous voulez savoir mon opinion, milord, et que vous me promettiez de ne pas saisir trop vivement l'espérance qu'elle vous présentera, je vous dirai qu'il me semble très-possible que votre fils vive encore. Les enquêtes que je fis dans le temps sur ce déplorable événement m'apprirent que dans la nuit même où il arriva, une femme et un enfant partirent de la cabane de Craigburnsfoot dans une voiture attelée de quatre chevaux, avec votre frère Édouard Geraldin Neville. Ils se dirigeaient vers l'Angleterre, et je découvris les traces de leur passage presque jusqu'aux frontières. Je crus alors que le projet de la famille était d'éloigner de ce pays un enfant dont vous vouliez déclarer la naissance illégitime, de crainte qu'il n'y trouvât des protecteurs capables de faire valoir ses droits, s'ils pouvaient en acquérir la preuve. Mais aujourd'hui, je croirais plutôt que votre frère, trompé comme vous par votre mère, a voulu le faire disparaître, soit par égard pour l'honneur de sa famille, soit peut-être pour le soustraire à la cruauté de la comtesse.

Tandis qu'il parlait, le comte devint pâle; il se laissa tomber dans un fauteuil, et parut sur le point de perdre connaissance. L'antiquaire prit l'alarme, et réfléchit à la hâte sur ce qu'il pourrait faire pour le soulager. Mais quoique son cabinet fût rempli d'une foule de choses inutiles, il ne s'y trouvait rien qui pût servir en cette occasion, ni, pourrait-on dire, dans aucune autre. Il courut donc emprunter à sa sœur un flacon de sels, et ne put s'empêcher de pester chemin faisant contre les incidens qui avaient converti sa maison en hôpital, d'abord pour un duelliste blessé, et ensuite pour un grand seigneur mourant de faiblesse. — Et cependant, pensa-t-il, j'ai toujours eu soin d'écarter de chez moi le militaire et la haute noblesse. Il ne me manque plus qu'une femelle qui vienne faire ses couches dans mon *cœnobitium*, et la métamorphose sera complète.

Lorsqu'il revint, lord Glenallan se trouvait beaucoup mieux. La lumière inattendue que M. Oldbuck avait jetée sur cette partie de son histoire, l'avait frappé si vivement qu'il lui avait été impossible de la supporter.

—Vous pensez donc, M. Oldbuck, car vous êtes en état de penser et je ne le suis pas; vous pensez qu'il est possible, ou, pour mieux dire, qu'il n'est pas impossible que mon fils existe encore?

—Je pense qu'il est impossible que votre frère ait concouru à lui donner une mort violente : on sait qu'il était léger et dissipé, mais il avait des sentimens d'honneur, et il n'a jamais passé pour cruel; il n'est même pas vraisemblable que, s'il eut le dessein de faire périr l'enfant, il eût été assez imprudent pour l'emmener dans sa voiture, comme je suis en état de vous prouver qu'il l'a fait.

A ces mots Oldbuck ouvrit un tiroir de l'armoire d'Aldobrand, dont nous avons parlé, et y prit une liasse de papiers attachés avec un ruban noir, et sur laquelle on lisait : Enquête faite par Jonathan Oldbuck, juge de paix, le 18 février 17—; et au-dessous, d'un caractère plus petit : *Eheu Evelina!* De grosses larmes tombaient des yeux du comte, tandis que sa main tremblante cherchait à dénouer le ruban qui entourait ces pièces.

—Vous feriez mieux de ne pas les lire à présent, dit l'antiquaire; agité comme vous l'êtes, et ayant à vous occuper d'une affaire si importante, il ne faut pas épuiser vos forces. Je présume que la succession de votre frère vous appartient maintenant; il vous sera donc aisé d'interroger ses domestiques et les personnes qui faisaient ses affaires, et par là de vous assurer si l'enfant dont nous parlons existe encore.

—J'ose à peine l'espérer : pourquoi mon frère me l'aurait-il caché?

— Demandez plutôt pourquoi il vous aurait informé de l'existence d'un être que vous auriez regardé comme un monument vivant de.....

—C'est la vérité; par compassion pour moi, il devait garder le silence. Si quelque chose avait pu ajouter à l'horreur du songe épouvantable qui a empoisonné toute mon existence, c'eût été de savoir qu'il existait un rejeton de cette union que je regardais comme sacrilège.

—Par conséquent, quoiqu'il soit absurde de conclure, après un espace de plus de vingt ans, que votre fils vit nécessairement encore, parce qu'on ne l'a pas fait périr dans son enfance, je crois qu'il faut vous occuper sur-le-champ de faire des enquêtes à ce sujet.

— C'est à quoi je ne manquerai pas; j'écrirai à l'intendant de mon frère Neville, vieillard d'une fidélité à toute épreuve, qui avait rempli les mêmes fonctions dans la maison de mon père; mais il faut que je vous apprenne, M. Oldbuck, que je ne suis pas héritier de mon frère.

—Vraiment! j'en suis fâché, milord; il possédait de beaux domaines, et les ruines du vieux château de Neville-Burg sont les restes les plus splendides d'architecture anglo-normande qu'on puisse trouver dans tout le nord de l'Angleterre. C'est une propriété digne d'être enviée; je vous croyais le plus proche héritier de votre frère.

—Vous ne vous trompiez pas; mais mon frère avait

adopté des vues politiques et des idées religieuses toutes différentes de celles que notre maison avait toujours professées. Depuis long-temps nous étions divisés d'opinions, et ma malheureuse mère ne le trouvait pas toujours suffisamment respectueux. En un mot, il existait entre nous une espèce de querelle de famille, et mon frère, ayant le droit de disposer entièrement de ses biens, profita de cette liberté pour les laisser à un étranger. C'est une circonstance à laquelle je n'attachais pas la moindre importance; car si les biens du monde avaient quelque pouvoir pour soulager les chagrins, ceux que je possède suffiraient, et au-delà, pour assurer mon bonheur; mais à présent, je crains que les dispositions prises à cet égard par mon frère ne rendent les renseignemens dont j'ai besoin plus difficiles à obtenir; car d'après le testament de mon père, si j'avais un fils légitime lors du décès de mon frère, et que celui-ci mourût sans postérité, tous ses biens lui étaient substitués. Il est donc probable que son légataire, quel qu'il soit, ne sera pas très-empressé à nous faciliter des recherches dont le résultat pourrait tendre à le déposséder.

— Est-il possible que l'intendant dont vous parlez soit resté à son service?

— Cela me paraît assez vraisemblable; et comme il est protestant, je ne sais trop jusqu'à quel point je puis me fier à lui.

— Il me semble, milord, qu'un protestant peut mériter autant de confiance qu'un catholique. Je prends un double intérêt à la foi protestante, milord, car indépendamment de ce que je la professe, un de mes ancêtres, Aldobrand Oldenbuck, a imprimé la célèbre Confession d'Augsbourg, comme je puis le prouver à

6.

Votre Seigneurie par un exemplaire de l'édition originale que j'ai dans ma bibliothèque.

— Ce que je viens de vous dire, M. Oldbuck, ne m'a été inspiré ni par l'intolérance, ni par les préjugés; mais on peut croire que l'intendant protestant favorisera le légataire protestant plutôt que l'héritier catholique, si toutefois mon fils a été élevé dans la religion de ses pères, et surtout s'il est encore vivant.

— Eh bien! milord, il faut prendre les précautions convenables et ne pas risquer de nous compromettre. J'ai un ami qui demeure à York, un savant avec lequel je suis en correspondance depuis long-temps, relativement à la coupe saxonne (1) que l'on conserve dans la cathédrale de cette ville. Nous nous écrivons à ce sujet depuis six ans, et nous ne sommes encore d'accord que sur la première ligne de l'inscription qui y est gravée. Je vais lui écrire sur-le-champ, et je lui demanderai les détails les plus circonstanciés sur le caractère, les dispositions, etc., des légataires de votre frère, et sur tout ce qui peut nous aider dans nos recherches. De votre côté, vous chercherez à réunir les preuves de votre mariage, car j'espère qu'il vous sera possible de vous en procurer.

— Très-certainement, car les témoins qu'on avait éloignés sont encore vivans; l'ecclésiastique qui a célébré notre mariage, et qui avait été mon gouverneur, était passé en France, où nous lui avions obtenu un bénéfice; mais la persécution l'en a chassé, et il est revenu en ce pays, victime de son zèle pour la royauté, la légitimité et la religion.

— Vous conviendrez, milord, que voilà du moins une

(1) Voyez sur cette coupe la note de l'introduction d'Ivanhoe.
Éd.

heureuse conséquence de la révolution française ; mais soyez sans inquiétude, j'agirai pour vous avec le même zèle que si je partageais vos opinions politiques et religieuses. Et faites-y bien attention, quand vous voudrez qu'une affaire importante soit convenablement traitée, chargez-en un antiquaire. Et pourquoi? C'est que, comme ils sont habitués à avoir toujours l'esprit tendu pour s'occuper de minuties, il est impossible que quelque chose leur échappe dans une affaire importante. L'habitude conduit à la perfection, et le corps qu'on fait manœuvrer le plus souvent à la parade sera celui qui se montrera le mieux un jour de bataille. Et à présent, milord, si cela pouvait vous amuser, je vous lirais quelque chose en attendant l'heure du souper.

—Je vous prie, M. Oldbuck, de ne rien changer pour moi à vos arrangemens de famille ; mais pour moi, jamais je ne prends rien dans la soirée.

—Je vous en livre autant, milord, et cependant ce n'était pas l'usage des anciens ; mais il est vrai que je dîne tout différemment que Votre Seigneurie, et que par conséquent je suis plus en état de me passer des rafraîchissemens que mes femelles, c'est-à-dire ma sœur et ma nièce, font placer tous les soirs sur les tables, moins par nécessité que pour prouver qu'elles savent conduire une maison. Malgré cela je prends volontiers une côtelette ou un hareng grillé, une douzaine d'huîtres ou une tranche de jambon sortant de notre saloir, une rôtie au vin, ou quelque autre chose de semblable, uniquement pour boucher l'orifice de l'estomac avant de me mettre au lit ; et je présume, milord, que vous en faites autant.

— C'est très-littéralement, M. Oldbuck, que je vous

dis que je ne soupe jamais; mais j'assisterai avec plaisir à votre souper.

— Eh bien, milord, puisqu'il m'est impossible de plaire à votre palais, je vais tâcher d'intéresser vos oreilles; ce que je vais lire à Votre Seigneurie a rapport à un sujet qui ne lui est pas étranger.

Lord Glenallan eût préféré continuer à s'entretenir du seul objet qui occupât toutes ses pensées; mais la politesse lui arracha un signe de tête de consentement et de résignation.

L'antiquaire ouvrit sur-le-champ un porte-feuille contenant un grand nombre de feuilles volantes, et ayant trouvé ce qu'il y cherchait :—Les détails topographiques que vous allez entendre, milord, dit-il, sont destinés à être une des pièces justificatives d'un Essai sur la Castramétation, dont la lecture a été accueillie avec indulgence dans diverses sociétés d'antiquaires. Le sujet sont les ruines du fort antique de Quickens-Bog, dont Votre Seigneurie connaît sans doute le site, car on les trouve sur votre ferme de Mantanner, dans votre baronnie de Clochnaben.

— Il me semble que ces noms ne me sont pas inconnus, dit le comte.

— Ne lui sont pas inconnus! se dit intérieurement l'antiquaire; et la ferme lui rapporte six cents livres par an! Juste ciel!

Sa politesse l'emporta pourtant sur sa surprise, et sans en rien témoigner il commença sa lecture à haute et intelligible voix, enchanté d'avoir trouvé un auditeur disposé à l'écouter avec intérêt et patience.

« Quickens-Bog semblerait d'abord tirer son nom de la plante *quicken*, nom par lequel nous désignons en

Écosse le *triticum repens* de Linnée, vulgairement le chiendent, et du monosyllabe anglais *bog*, par lequel nous entendons en langage populaire un marais, ou marécage, en latin *palus*. Mais ceux qui adoptent à la hâte, en fait de dérivations étymologiques, les premières venues, seront confondus en apprenant que le chiendent, ou, pour parler scientifiquement, le *triticum repens* de Linnée, ne croît pas dans l'étendue d'un quart de mille autour de ce *castrum* ou château fort, dont les remparts sont uniformément revêtus d'une herbe fort courte, et que pour trouver un *palus* ou marécage, il faut aller à une distance encore plus considérable, le plus voisin étant celui de Gir-the-Mear, qui en est éloigné d'un bon demi-mille. Cette dernière syllabe est donc évidemment une corruption du mot saxon *burgh*, que nous trouvons de tous côtés transformé en *burrow*, *brough*, *bruff*, *buff* et *boff*, dernière métamorphose qui approche de bien près du monosyllabe en question, car en supposant que le mot originaire ait été *borgh*, ce qui est la véritable orthographe saxonne, un léger changement, semblable à celui que les organes modernes produisent souvent en prononçant les anciens sons, nous donnera d'abord *bogh*, par la simple élision de la consonne R; alors si vous donnez à la finale *gh* le son de la lettre F, suivant la prononciation anglaise, vous aurez *boff*, et si au contraire vous rendez l'H muet, vous voilà arrivé à *bog*. Il faut décomposer de la même manière le mot *quickens* et remonter à sa véritable origine, avant de pouvoir en expliquer la signification. Rien n'est plus ordinaire que le changement de *qu* en *wh*; il est familier à l'élève le plus novice qui ait jamais ouvert un volume d'ancienne poésie écossaise. Or par là nous gagnons *whickens-borgh*, ce qui signifiera *à qui est ce château ?* Question que son importance et sa beauté ont pu suggérer plus d'une fois ; ou bien ce pourrait être *whackens-burgh*, du mot saxon *whacken*, frapper, et certainement plus d'un combat sous les murs de cette forteresse peut avoir légitimé cette dérivation, etc., etc., etc.

Nous aurons pour nos lecteurs plus de condescendance qu'Oldbuck n'en eut pour son hôte, car prévoyant qu'il aurait rarement l'occasion d'obtenir l'attention d'un auditeur du rang de lord Glenallan, il lui fit boire le calice jusqu'à la lie.

CHAPITRE XXXVI.

> « Age avancé, verte jeunesse,
> » Vivent d'accord bien rarement.
> » Tout est soucis pour la vieillesse,
> » Tout pour la jeunesse est charmant.
> » La vieillesse est l'hiver, nu, tremblant et stérile;
> » La jeunesse est l'été, gai, riant et fertile. »
>
> SHAKSPEARE. *Œuvres diverses.*

LE lendemain matin notre antiquaire, qui était un peu paresseux, fut éveillé par Caxon une heure plus tôt qu'à l'ordinaire.

— Eh bien! qu'y a-t-il donc? s'écria-t-il en bâillant, et en étendant le bras pour prendre une grosse montre à répétition qui était sous son oreiller avec un mouchoir des Indes; qu'y a-t-il donc, Caxon? Il ne saurait être encore huit heures.

— Non, monsieur, mais le domestique du comte m'a cherché, car il me prend pour le valet de chambre de

Votre Honneur, et c'est bien la vérité que je le suis, ainsi que celui du ministre. Du moins ni lui ni vous n'en avez d'autre, et je donne un coup de main à sir Arthur aussi, quoique ce soit plutôt par suite de ma profession.

— Fort bien, fort bien! n'importe. Heureux celui qui peut être lui-même son valet de chambre, comme vous l'appelez. Mais pourquoi troubler mon sommeil du matin?

— Oh! monsieur, le grand seigneur est levé depuis la pointe du jour; il a déjà fait partir de Fairport un exprès à cheval pour aller chercher sa voiture; il l'attend à tout moment, et il ne voudrait pas s'en aller sans avoir vu Votre Honneur.

— Hum! ces grands seigneurs disposent de la maison et du temps des autres comme si c'était leur propriété: c'est bon pour une fois. Et Jenny, a-t-elle retrouvé son bon sens?

— Comme ci, comme ça, monsieur; tout à l'heure, dans la cuisine, elle ne savait que faire du jocolat, et j'ai vu le moment où elle allait le verser dans une jatte et le boire elle-même par distraction; mais, grace à miss Mac-Intyre, le jocolat a échappé.

— Toutes mes femelles sont donc sur pied? Allons, allons, il faut que je me lève si je veux maintenir l'ordre dans ma maison: donnez-moi ma robe de chambre. Et quelles nouvelles y a-t-il à Fairport?

— Et de quoi voulez-vous qu'on s'y occupe, monsieur? Il n'y est bruit que de la grande nouvelle de ce grand seigneur qui, depuis vingt ans, à ce qu'on m'assure, n'a point passé le seuil de sa porte, et qui est venu faire une visite à Votre Honneur.

— Ah! ah! Eh bien, Caxon, que dit-on à ce sujet?

— Vraiment, il y a plus d'une opinion; ces coquins

qu'on appelle démograles, qui sont contre les rois, les lois et les cheveux poudrés, une bande de *blackguards*(1), disent qu'il est venu proposer à Votre Honneur d'amener à Fairport ses montagnards pour empêcher les assemblées des amis du peuple; et quand je leur dis que Votre Honneur ne se mêle jamais d'aucune affaire où il peut y avoir des coups à recevoir, et peut-être du sang répandu, ils me répondent que cela peut être vrai, mais qu'il y a ici votre neveu qui est connu pour être un homme du roi, qui se battrait dans le sang jusqu'aux jarrets; enfin que vous êtes la tête, qu'il est le bras, et que le comte doit fournir les hommes et l'argent.

— Fort bien! je suis charmé que la guerre ne doive me coûter que des conseils.

— Oh! personne ne pense que vous songiez ni à vous battre, ni à donner une demi-couronne pour l'un ou pour l'autre des deux partis.

— Et voilà l'opinion des démograles, comme vous les appelez? Et que disent les autres gens de Fairport?

— Pour ne rien vous cacher, ce qu'ils disent ne vaut guère mieux, répondit le candide perruquier. Le capitaine Coquet, capitaine des volontaires, celui qui doit

---

(1) Blackguards : *gueux*, *polissons*, *vauriens*, *drôles*, etc. Ce mot veut dire tout cela, et c'est une grosse injure; mais, comme tous les mots qui ont une étymologie locale, il trouve difficilement son équivalent. On appela d'abord du nom de *blackguards* une classe de petits polissons qui se rendaient constamment aux parades et aux revues du parc Saint-James pour cirer les bottes ou les souliers des militaires : par dérision on les désignait comme des *gardes noires*, Blackguards. Ces mots ne signifieraient-ils pas aussi décrotte-soldats. Quoi qu'il en soit, on serait trop heureux de trouver encore à Londres de ces *artistes* si utiles à Paris.

Éd.

être le nouveau collecteur des taxes, et quelques autres membres du club royal des Bleus, disaient tout à l'heure qu'on ne devrait pas souffrir que des papistes comme ce comte de Glenallan, qui ont tant d'amis parmi les Français, courussent ainsi le pays, et que... mais Votre Honneur va peut-être se fâcher?

— Nullement, Caxon, nullement; faites feu contre moi aussi bravement que si vous composiez, vous tout seul, le peloton du capitaine Coquet; je ne broncherai pas.

— Eh bien! ils disaient que, comme vous n'aviez pas signé la pétition pour la paix, et que vous en aviez signé une contre la nouvelle taxe; que comme vous n'aviez pas été d'avis de requérir les volontaires lors de l'émeute pour les farines, et que vous aviez voulu qu'on n'employât que des constables pour rétablir l'ordre, vous n'étiez pas ami du gouvernement, et qu'on devait avoir les yeux ouverts sur les conférences qui ont lieu entre un homme aussi puissant que le comte et un savant comme vous; quelques-uns disaient même qu'on devrait vous loger l'un et l'autre dans le château d'Édimbourg.

— Sur ma parole! j'ai beaucoup d'obligation à mes voisins de la bonne opinion qu'ils ont de moi. Ainsi, parce que je ne me suis jamais mêlé de leurs querelles que pour recommander la modération et la tranquillité, les deux partis me désignent comme un homme disposé à commettre quelque acte de haute trahison contre le roi ou contre le peuple. Il est fort heureux que ma vie ne dépende pas de leur opinion: donnez-moi mon habit, Caxon, donnez-moi mon habit. Et avez-vous appris quelque chose de Taffril et de son brick?

Caxon changea de visage. — Non, monsieur, répondit-il, et nous avons eu des vents terribles, et il ne fait pas bon à croiser sur cette côte par un vent d'est. Les rochers s'avancent tellement dans la mer, qu'un vaisseau s'y trouve poussé en moins de temps qu'il ne m'en faudrait pour repasser un rasoir; et puis il n'y a sur la côte ni port ni lieu de refuge : on n'y voit que des rocs et des écueils; et qu'un bâtiment y touche, il est brisé en éclats comme la poudre que je secoue avec ma houppe. C'est ce que je dis toujours à ma fille quand elle commence à s'inquiéter de ne pas recevoir de lettres du lieutenant Taffril, car c'est une excuse pour lui. Vous ne devez pas le blâmer, lui dis-je; qui sait ce qui peut être arrivé?

— Bien, Caxon, bien; vous êtes aussi propre au métier de consolateur qu'à celui de valet de chambre. Donnez-moi un col blanc; croyez-vous que je descendrai avec un mouchoir autour du cou quand j'ai compagnie?

— Eh mon Dieu! le capitaine dit qu'un mouchoir à trois pointes est ce qu'il y a de plus à la mode, et que les cols ne sont bons que pour Votre Honneur et pour moi, qui sommes de l'ancien monde. Pardon si je parle de moi en même temps que de Votre Honneur, mais c'est ce que dit le capitaine.

— Le capitaine est un fat, et vous êtes un oison, Caxon.

— Tout cela est possible; bien certainement Votre Honneur doit le savoir.

Avant le déjeuner, lord Glenallan, qui parut moins agité que la veille, discuta avec M. Oldbuck les diverses déclarations que celui-ci avait reçues lors de l'enquête qu'il avait commencée après la mort d'Eveline Neville, et lui fit connaître les moyens qu'il avait de se procurer des preuves de son mariage, il lui annonça la résolution qu'il avait prise d'aller vérifier sur-le-champ si les pièces relatives à la naissance d'Eveline, et qu'Elspeth lui avait dit avoir été en la possession de sa mère, existaient encore, ou si elles avaient été supprimées.

— Et cependant, M. Oldbuck, dit-il, je me trouve dans la situation pénible d'un homme qui reçoit une importante nouvelle avant d'être bien éveillé, et qui doute si ce n'est pas la continuation d'un rêve. Cette femme, — cette Elspeth, touche à la caducité; on peut presque dire qu'elle radote. N'ai-je pas, c'est une question qui m'effraie, n'ai-je pas eu tort d'ajouter foi si facilement à son témoignage, quand tout ce qu'elle me disait était diamétralement opposé à ce qu'elle m'avait si positivement affirmé autrefois?

L'antiquaire réfléchit un instant, et lui répondit d'un ton ferme : — Non, milord, je ne puis croire que vous ayez aucune raison pour douter de la vérité d'une déclaration qu'elle vous a faite sans autre motif apparent qu'un remords de conscience. Ses aveux ont été volontaires, désintéressés, très-clairs, et l'on ne peut y remarquer aucune contradiction. Je crois donc que vous devez vous occuper sans délai de chercher les pièces dont elle vous a parlé, et qu'il faut tâcher d'obtenir sa déposition dans une forme légale. Nous avions formé le projet d'aller la voir ensemble, mais je crois que ce serait un soulagement pour Votre Seigneurie si je me chargeais seul de cette affaire en qualité de magistrat; d'ailleurs cela aura un air de plus grande impartialité. Je procéderai donc à son interrogatoire dès que je la verrai dans une situation d'esprit qui me permette d'en espérer des réponses satisfaisantes.

— Je ne puis vous exprimer, M. Oldbuck, dit lord Glenallan en joignant les mains et en les levant vers le ciel, combien votre appui et votre coopération dans cette affaire aussi triste que ténébreuse me donnent d'espoir et de confiance. Je ne puis assez me féliciter d'avoir cédé au premier mouvement qui m'a porté à vous forcer, pour ainsi dire, à m'écouter; ce qui m'a été inspiré par la connaissance que j'avais de la fermeté avec laquelle vous aviez déjà, dans cette affaire, rempli autrefois vos devoirs, tant comme magistrat que comme l'ami d'une infortunée. Quelle que soit l'issue de cette affaire, je voudrais espérer qu'une aurore de bonheur commence à luire sur ma maison, quoique je ne puisse espérer de vivre pour en jouir! quoi qu'il puisse arriver, vous aurez droit à l'éternelle reconnaissance de ma famille et à la mienne.

— Milord, répondit gravement l'antiquaire, je dois avoir le plus grand respect pour la famille de Votre Seigneurie, car je sais qu'on doit la compter parmi les plus anciennes d'Écosse. Elle descend indubitablement d'Aymer de Geraldin, qui siégeait dans le parlement à Perth, sous le règne d'Alexandre II (1), et qui, d'après une tradition moins authentique, mais plausible, remontait, dit-on, jusqu'à Marmor de Clochnaben. Mais, malgré toute ma vénération pour l'antiquité de votre maison, je dois vous déclarer que ce qui me porte encore davantage à vous donner tous les secours qui dépendent de mes faibles moyens, c'est un sentiment de compassion

(1) En 1214. — Éd.

sincère pour vos chagrins, et d'indignation profonde contre les impostures dont vous avez été si long-temps la victime. Milord, le repas du matin doit être prêt maintenant. Permettez-moi de vous montrer le chemin à travers le labyrinthe de mon *cœnobitium*, qui est moins une maison qu'une réunion de cellules bizarrement entassées les unes sur les autres, dont j'ai respecté l'ancienne distribution. J'espère que vous allez vous dédommager de la sévérité du régime que vous avez observé hier.

C'était ce qui n'entrait nullement dans les projets de lord Glenallan. Ayant salué la compagnie avec l'air de politesse grave et mélancolique qui le caractérisait, il prit une tranche de pain grillée, et but un verre d'eau claire que lui présenta son domestique, ce qui était son déjeuner ordinaire. Celui de l'antiquaire et de son neveu fut un peu plus substantiel, et il n'était pas encore fini quand on entendit une voiture s'arrêter à la porte.

— C'est sans doute le carrosse de Votre Seigneurie, dit Oldbuck en s'approchant de la fenêtre. C'est, sur ma parole, un superbe *quadriga*, car, d'après les meilleures scolies, tel est le nom que les Romains donnaient aux chars attelés de quatre chevaux comme celui-ci.

— Et je déclare, dit Hector en se penchant à la fenêtre, que jamais quatre plus beaux chevaux bais, quatre coursiers mieux assortis, n'ont été attelés à une berline. Quels beaux poitrails! Quels superbes chevaux de bataille on aurait pu en faire! Oserai-je vous demander, milord, si ce sont de vos élèves?

— Je..... je le crois, répondit lord Glenallan; mais je vous avoue que j'apporte tant de négligence dans mes affaires domestiques, que pour en être sûr il faut que j'aie recours à Calvert.—Et en même temps il se tourna vers son domestique.

— Ils sortent de votre haras, milord, dit Calvert. Ils ont pour père Mad Tom, et leurs mères sont Jemina et Yarico, vos deux plus belles jumens poulinières.

— Et en avons-nous quelques autres de la même race?

— Deux, milord; l'un qui vient d'avoir quatre ans, et l'autre qui va en avoir cinq; deux bêtes magnifiques.

— Eh bien! que Dawkins les amène ici demain matin. J'espère que le capitaine Mac-Intyre voudra bien les accepter, s'il les trouve à son goût.

Tandis qu'Hector, l'œil étincelant de plaisir, s'épuisait en remerciemens, Oldbuck, de l'autre côté, tirait le comte par la manche, et cherchait à réprimer une libéralité qui lui semblait de sinistre augure pour son foin et son avoine.

— Milord, milord, fort obligé, très-obligé sans doute; mais Hector est un piéton, il sert dans l'infanterie. D'ailleurs c'est un Highlander, et son costume ne convient pas au service de la cavalerie. Mac-Pherson lui-même n'a jamais représenté ses ancêtres à cheval, quoiqu'il ait eu l'impudence de les placer sur des chars. Et c'est précisément, milord, ce qui roule en ce moment dans la tête d'Hector. Il n'a pas la manie de l'équitation, mais

« *Sunt quos curriculo pulverem olympicum*
» *Collegisse juvat* (1) : »

c'est un char qu'il ambitionne, et il n'a ni argent pour l'acheter, ni adresse pour le conduire, s'il en avait un. Je vous assure, milord, que la possession de deux quadru-

(1) Il est des hommes qui aiment à soulever avec un char la poussière olympique. HORACE. — TR.

pèdes semblables aurait pour lui des suites encore plus dangereuses que ses deux derniers duels, le premier avec un ennemi humain, et l'autre avec mon ami le phoca.

— Vous avez le droit de me donner des ordres, M. Oldbuck, dit le comte avec un air de politesse ; mais je me flatte que vous ne persisterez pas à me défendre d'offrir à mon jeune ami quelque chose qui puisse lui être agréable.

— Lui être utile, milord, à la bonne heure. Mais point de *curriculum*. Autant vaudrait qu'il songeât à se donner un *quadriga*. Et pendant que j'y pense, qui donc a fait venir de Fairport cette vieille chaise de poste que je vois à ma porte ?

— C'est moi, monsieur, répondit Hector avec un peu d'humeur ; car il n'était pas très-charmé d'entendre son oncle mettre obstacle à la générosité du comte, et il trouvait encore plus mauvais qu'il révoquât en doute son talent à conduire une voiture, et surtout qu'il fît des allusions mortifiantes aux malheureux résultats de ses aventures du duel et du veau marin.

— Vous, monsieur ! s'écria l'antiquaire ; et quel besoin, s'il vous plaît, avez-vous d'une chaise de poste ? Cet équipage splendide, ce *biga*, comme je puis l'appeler, est-il un degré préliminaire pour vous conduire au *quadriga* ou au *curriculum ?*

— S'il faut entrer à cet égard dans des détails particuliers, monsieur, je vous dirai que je vais aller à Fairport pour une petite affaire.

— Et puis-je savoir, Hector, quelle est la nature de cette petite affaire ? Si elle concernait le régiment, je présume qu'elle pourrait être confiée aux soins de votre digne suppléant, le sergent, qui, depuis son arrivée ici, a eu la bonté de fixer ses dieux pénates à Monkbarns. Il pourrait, dis-je, s'en charger, et vous épargner par là de dépenser un jour de votre paie pour louer deux haridelles décharnées, et cet assemblage de bois pourri, de cuir desséché et de glaces fendues, vrai squelette d'une chaise de poste.

— Ce ne sont pas les affaires du régiment qui m'appellent à Fairport, monsieur; et puisqu'il faut vous rendre compte du motif qui m'y conduit, je vous dirai que Caxon m'a appris ce matin qu'on doit interroger le vieil Ochiltrie, pour décider ensuite s'il y a lieu d'instruire son procès; j'y vais pour veiller à ce que justice soit rendue à ce pauvre diable; voilà tout ce dont il s'agit.

— Oui-da? j'en avais entendu parler, mais je ne pouvais croire que cela fût sérieux. Mais dites-moi, capitaine Hector, vous qui paraissez aussi disposé à être le second de quiconque a une querelle qu'à vous en faire vous-même, par terre, par mer, ou sur les côtes, avec des êtres raisonnables ou des êtres dénués de raison, quel si grand intérêt prenez-vous donc à Edie Ochiltrie?

— Il a servi dans la compagnie de mon père, monsieur. Et d'ailleurs un jour que j'étais sur le point de faire une folie, il a cherché à m'en détourner, et il m'a donné des avis presque aussi bons que ceux que vous-même auriez pu me donner.

— Et avec autant d'utilité, n'est-ce pas? Allons, Hector, convenez-en, vous n'avez pas suivi ses conseils?

— Je les ai méprisés en effet, mon oncle, mais je ne vois pas que ce soit une raison pour que je doive lui en savoir moins bon gré!

— Bravo, Hector, voilà ce que je vous ai jamais entendu dire de plus sensé. — Mais confiez-moi toujours vos projets sans réserve. — Ma foi! je vous accompagnerai dans cette course. — Je suis convaincu que le vieux Ochiltrie n'est pas coupable, et dans l'embarras où il se trouve je crois pouvoir lui être plus utile que vous. D'ailleurs cela vous épargnera une demi-guinée, mon garçon, et c'est un motif de considération que je vous engage à avoir plus souvent devant les yeux.

La politesse de lord Glenallan l'avait engagé à se détourner et à causer avec les dames quand l'altercation entre l'oncle et le neveu lui avait paru trop animée pour l'oreille d'un étranger; mais quand le ton radouci de l'antiquaire lui annonça que la paix allait se faire, il prit de nouveau part à la conversation. On lui dit qui était ce mendiant, et quelle était l'accusation portée contre lui, accusation que M. Oldbuck était tenté de regarder comme injuste et calomnieuse, dit-il, non-seulement à cause du caractère d'Ochiltrie, mais parce que Dousterswivel était son accusateur.

Lord Glenallan demanda si ce mendiant n'avait pas été soldat autrefois. On lui répondit affirmativement.

— Ne porte-t-il pas, continua le comte, une espèce de manteau bleu? N'est-ce pas un vieillard de haute stature, ayant la barbe et les cheveux blancs, redressant sa taille d'une manière remarquable, et parlant avec un air d'indépendance et même de familiarité qui forme un contraste frappant avec sa profession?

— Vous venez de donner trait pour trait le signalement d'Ochiltrie, dit Hector.

— C'est donc à lui, continua lord Glenallan, que je dois un tribut de reconnaissance, car c'est lui qui m'a apporté le premier des nouvelles de la plus haute importance. Je crains de ne pouvoir lui être d'aucune utilité dans la circonstance où il se trouve ; mais, quand il sera tiré d'affaire, je me promets bien de le mettre à l'abri du besoin, et de la nécessité de mendier.

— Vous trouverez, milord, dit Oldbuck, que ce n'est pas une entreprise facile. Du moins je sais qu'on en a déjà fait l'épreuve, et sans succès. Il se regarde comme indépendant, parce qu'il doit son existence à la charité générale de toute la société, mais il se trouverait humilié d'en être redevable à un seul individu. C'est un vrai philosophe qui dédaigne de se soumettre aux règles ordinaires des heures. Il mange quand il a faim, boit quand il a soif, dort quand il a sommeil. Il est si indifférent sur la manière de satisfaire tous ces besoins de la nature, que je crois qu'il n'a jamais fait un mauvais dîner, et qu'il ne s'est jamais trouvé mal couché. Et puis il est jusqu'à un certain point l'oracle du district dans lequel il fait ses courses vagabondes. C'est le généalogiste et le nouvelliste. Il se charge tour à tour des rôles d'arbitre, de médecin et de ministre. Il a trop de devoirs à remplir, et il les remplit avec trop de zèle, pour qu'il soit facile de le décider à renoncer à sa vocation. Mais je serais véritablement fâché que ce pauvre diable fût logé en prison pendant plusieurs semaines : je suis convaincu que cette réclusion lui briserait le cœur.

Ici se termina l'entretien. Lord Glenallan, ayant fait ses adieux aux deux dames, répéta au capitaine qu'il lui enverrait le lendemain les deux chevaux, et l'invita à chasser sur ses domaines aussi souvent qu'il pourrait le trouver agréable. — J'ajouterai, dit-il, que si la société d'un vieillard mélancolique ne vous effraie pas, le château de Glenallan vous sera toujours ouvert. Je garde mon appartement deux jours par semaine, le vendredi et le samedi, mais vous n'en jouirez que mieux de la compagnie de mon aumônier, M. Gladsmoor, qui est en même temps un homme instruit et un homme du monde.

Hector, transporté de joie à l'idée de pouvoir chasser dans la réserve de Glenallan et dans les bruyères bien gardées de Clochnaben, exprima toute la reconnaissance que lui inspirait tant d'honneur. M. Oldbuck était sensible aux attentions du comte pour son neveu; miss Mac-Intyre était heureuse de la joie qu'éprouvait son frère, et miss Griselda jouissait par anticipation du plaisir de voir arriver à Monkbarns des sacs de gibier de toute espèce, dont elle savait que M. Blattergowl était amateur prononcé. Aussi, ce qui arrive toujours quand un homme de haut rang quitte la famille d'un particulier chez lequel il a bien voulu montrer quelque condescendance, dès que le comte eut pris congé, et qu'on eut entendu partir l'équipage attelé des quatre superbes chevaux bais, ce fut à qui en ferait le plus d'éloges. Mais Oldbuck et son neveu coupèrent court au panégyrique en montant dans la vieille chaise de poste; traînés par deux chevaux dont l'un trottait pendant que l'autre galopait, ils arrivèrent à Fairport d'une manière qui faisait un contraste parfait avec celle dont lord Glenallan se rendit à son château.

CHAPITRE XXXVII.

« Oui j'aime la justice autant que vous peut-être ;
» Mais puisqu'elle est aveugle, elle m'excusera
» Si je reste muet quand il me conviendra.
» Pour avoir parlé trop je sais ce qu'il en coûte.
» Être à jamais muet ; c'est ce que je redoute. »

Ancienne comédie.

Grace aux charités qu'il avait reçues, et aux provisions dont on avait rempli sa besace, Edie Ochiltrie passa deux jours en prison sans trop d'impatience, et il regretta d'autant moins sa liberté que le temps fut presque constamment à la pluie.

— Une prison, pensa-t-il, n'est pas un si mauvais gîte qu'on le dit. Vous avez sur la tête un bon toit pour vous abriter de la pluie, et s'il n'y a pas de carreaux de vitres aux croisées, on n'en a que meilleur air, et cela n'en est que plus agréable pendant l'été. On y trouve à qui parler ; ma besace est bien remplie, et qu'ai-je besoin de m'inquiéter du reste ?

Le courage de notre mendiant philosophe commença pourtant à diminuer quand les rayons du soleil pénétrèrent à travers les barreaux de fer rouillés ; et qu'une linotte, dont un malheureux détenu pour dettes avait obtenu la permission d'attacher la cage près de la fenêtre, commença à saluer l'astre du jour par ses chants.

— Vous êtes plus gaie que moi, dit Edie à l'oiseau, car je ne saurais ni siffler ni chanter quand je pense aux collines et aux vallons où je serais à rôder par un si beau temps. Tenez, voilà des mies de pain, puisque vous êtes si joyeuse ; et vous avez plus de raisons pour chanter que vous ne le croyez, car ce n'est pas votre faute si vous êtes en cage, au lieu que si je m'y trouve, c'est moi qu'il faut que j'en remercie.

Le soliloque d'Ochiltrie fut interrompu par un officier de la justice de paix qui venait le prendre pour le conduire devant le magistrat. Il partit donc, entre deux pauvres hères qui avaient moins bonne mine que lui, pour comparaître devant la justice inquisitoriale. Chacun, en le voyant passer entre ses deux gardiens décrépits, s'écriait : — Est-il possible qu'un vieillard à cheveux blancs, qui a déjà un pied dans la fosse, soit un voleur de grand chemin ? — Et les enfans, s'adressant aux deux officiers de police, objets tour à tour de leur crainte et de leur dérision, félicitaient Puggie Orrock et Jock Ormeston d'avoir un prisonnier aussi vieux qu'eux-mêmes.

C'était ainsi, et ce n'était pas pour la première fois, que l'on conduisait Edie devant le vénérable bailli Petit-

Jean (1), qui, bien différent de ce que promettait son nom, était un homme grand, bien nourri, et à qui l'on voyait que les dîners de corps n'avaient pas manqué de profiter. C'était un magistrat plein de zèle, et ultrà-loyaliste, dans ce temps d'ultrà-loyalisme, rigoureux et absolu dans l'exercice de ses fonctions, gonflé de son importance, et fier de son autorité; du reste honnête citoyen et ayant les meilleures intentions.

— Faites-le entrer, s'écria-t-il dès qu'il sut que le prisonnier était arrivé, faites-le entrer! Dans quel temps vivons-nous! les mendians du roi sont les premiers à contrevenir à ses lois. Voici un vieux Manteau-Bleu qui a commis un vol; le premier qu'on m'amènera aura sans doute payé la charité du roi, à qui il doit son vêtement, sa pension, et sa permission de mendier, par quelque acte de haute trahison, ou tout au moins de sédition. Mais faites-le entrer.

Edie le salua, et, se redressant ensuite, se tint devant lui la taille haute, suivant son usage, et la tête un peu tournée à droite, comme pour mieux entendre tout ce que le magistrat pourrait avoir à lui dire. Les premières questions qui lui furent faites ne regardant que son nom, son âge et sa profession, il y répondit sans se faire prier et avec exactitude; mais quand M. Petit-Jean, ayant fait écrire ses réponses par son clerc, lui eut demandé où il avait passé la nuit pendant laquelle Dousterswivel se plaignait d'avoir été battu et volé, il lui répondit par une autre question.

— Pouvez-vous me dire, monsieur le bailli, vous qui connaissez les lois, ce qu'il m'en reviendra de répondre à vos questions?

(1) En anglais *Little-John*. — Éd.

— Ce qu'il vous en reviendra! rien, si ce n'est qu'en me disant la vérité, et en me prouvant votre innocence, vous me mettrez peut-être en état de vous rendre la liberté.

— Mais il me semble, monsieur le bailli, qu'il serait plus juste que ceux qui m'accusent prouvassent que je suis coupable, au lieu d'exiger de moi que je prouve que je suis innocent.

— Je ne siège pas ici pour discuter avec vous des points de droit. Je vous demande, et vous me répondrez si bon vous semble, si vous avez couché chez Ringan Aikwood, la nuit dont je parle?

— En vérité, monsieur le bailli, je ne me trouve pas obligé de m'en souvenir.

— Ou si, dans le cours de cette nuit, vous avez vu Steenie Mucklebackit? Vous le connaissiez, je pense?

— Si je connaissais Steenie Mucklebackit! Oui vraiment: le pauvre diable! Mais je n'ai rien à dire sur l'époque où je l'ai vu pour la dernière fois.

— Avez-vous été pendant cette nuit aux ruines de Sainte-Ruth?

— Monsieur le bailli Petit-Jean, si c'est le bon plaisir de Votre Honneur, je vais vous raccourcir une bien longue histoire, et je vous dirai tout simplement que je ne suis pas d'avis de répondre à aucune de ces questions. J'ai vu trop de pays pour permettre à ma langue de me mettre dans l'embarras.

— Écrivez, dit le magistrat, qu'il refuse de répondre à toute question, parce qu'en disant la vérité il pourrait se mettre dans l'embarras.

— Non pas, non pas! je n'entends pas que cela soit écrit comme faisant partie de ma réponse. Ce que je veux dire, c'est que, d'après mon souvenir et mon expérience, je n'ai jamais vu qu'on tirât aucun profit de répondre à des questions oiseuses.

— Fort bien. Ecrivez que, connaissant par une longue expérience les interrogatoires judiciaires, et s'étant nui à lui-même en répondant aux questions qui lui avaient été faites dans de pareilles occasions, le comparant refuse.....

— Eh! non, bailli, non! ce n'est pas encore par cette porte que vous me ferez passer.

— Dictez donc votre réponse vous-même, et mon clerc l'écrira dans vos propres termes.

— C'est cela, monsieur le bailli, voilà ce que j'appelle justice impartiale. Je ne vous ferai pas perdre de temps. Ainsi donc, voisin, vous pouvez écrire qu'Edie Ochiltrie, le comparant, maintient la liberté.... Non, un moment, je ne dois pas dire cela. Je ne suis pas un des enfans de la liberté! J'ai combattu contre eux lors de la révolte de Dublin. D'ailleurs, j'ai mangé du pain du roi pendant bien des années. Attendez! voyons! oui : écrivez qu'Edie Ochiltrie, le Manteau-Bleu, maintient la prérogative, et prenez garde à bien orthographier ce mot, car il est long; maintient la prérogative des sujets du roi, et qu'il ne répondra à aucune des questions qui lui seront adressées, à moins qu'il ne voie quelque raison pour le faire. Couchez cela par écrit, jeune homme.

— En ce cas, Edie, et puisque vous ne voulez me donner aucun renseignement sur votre conduite, il faut que je vous renvoie en prison pour y rester jusqu'à ce que vous soyez mis en jugement.

— Eh bien, monsieur le bailli, si telle est la volonté de Dieu et des hommes, il faut bien s'y soumettre. Et puis je n'ai pas de grandes objections à faire contre la prison, si ce n'est qu'on n'en peut sortir. Mais si vous y consentiez, monsieur le bailli, je vous donnerais ma parole de me présenter devant le tribunal le jour que vous m'indiquerez.

— La garantie me paraîtrait un peu légère dans une affaire où votre cou peut courir quelque risque; je craindrais que le gage ne fût pas racheté. Si vous pouviez fournir caution suffisante, sans doute.....

En ce moment, l'antiquaire et le capitaine Mac-Intyre entrèrent dans l'appartement.

—Bonjour, messieurs, dit le magistrat; vous me trouvez, suivant mon usage, exerçant les devoirs de mon état, occupé des iniquités du peuple, travaillant *pro republicâ*, M. Oldbuck; servant le roi notre maître, capitaine Mac-Intyre. Vous savez sans doute que j'ai aussi pris l'épée?

— C'est sans contredit un des emblèmes de la justice, répondit l'antiquaire; mais j'aurais cru que la balance vous aurait mieux convenu, bailli, d'autant plus que vous en avez dans votre boutique.

— La remarque est bonne, M. Oldbuck, excellente; mais ce n'est pas comme juge, c'est comme soldat que j'ai pris l'épée : je devrais dire le mousquet et la baïonnette. Tenez, les voilà à côté de mon grand fauteuil à bras, car à peine puis-je commencer à faire l'exercice; je me ressens encore de ma dernière attaque de goutte: cependant je parviens à me tenir sur mes jambes, tandis que le sergent m'apprend la manœuvre. Je voudrais savoir s'il s'y prend convenablement, capitaine, car jusqu'à présent nous avons l'air un peu gauche; et en même temps il alla en boitant vers son fauteuil pour prendre l'arme dont il était si fier, et pour mettre Hector en état de prononcer s'il en connaissait bien le maniement.

—Je suis charmé que nous ayons de si zélés défenseurs, bailli, et je vous garantis qu'Hector se fera un plaisir de vous donner son opinion sur les progrès que vous avez faits dans votre nouvel état; mais en vérité, mon cher monsieur, l'Hécate des anciens trouve en vous un digne rival, marchand au marché, magistrat dans l'hôtel-de-ville, et militaire sur nos côtes. *Quid non pro patriâ* (1)? Mais c'est au juge de paix que j'ai affaire; ainsi laissons le commerce et la guerre.

— Eh bien! M. Oldbuck, en quoi puis-je vous être utile?

— Vous avez là une de mes vieilles connaissances, Edie Ochiltrie, que quelques-uns de vos mirmidons ont claquemuré dans une prison d'après une plainte de ce coquin de Dousterswivel, des accusations duquel je ne crois pas un seul mot.

Ici le magistrat prit un air grave. — Il faut que vous sachiez, dit-il, qu'il est accusé de vol et de voies de fait : c'est une affaire fort sérieuse; il est rare que j'en aie à instruire de cette importance.

— Et c'est pourquoi vous n'êtes pas fâché d'en profiter. Mais véritablement, l'affaire de ce pauvre vieillard vous paraît-elle donc bien grave?

—Infiniment grave, M. Oldbuck; mais vous êtes vous-même juge de paix, et par conséquent je ne ferai nulle difficulté de vous montrer la plainte de M. Dousterswivel et le commencement de l'information. — A ces mots, il remit une liasse de papiers entre les mains de l'antiquaire, qui, prenant ses lunettes, se retira dans un coin de la chambre pour les lire.

(1) Que ne ferait-on pas pour la patrie? — Tr.

Cependant les officiers de justice reçurent ordre de faire passer leur prisonnier dans une autre chambre; mais avant qu'ils l'exécutassent, le capitaine Mac-Intyre trouva moyen de s'approcher d'Ochiltrie, et lui glissa une guinée dans la main.

— Que Dieu récompense Votre Honneur, dit le mendiant; c'est l'offrande d'un jeune militaire, et elle doit porter bonheur à un vieux soldat. Cette charité passe les bornes; cependant je l'accepte, car si l'on me cloue dans cette prison, il est assez probable que mes amis m'oublieront. — Hors de la vue, hors du souvenir, — dit le proverbe; et il serait peu honorable pour moi, qui suis mendiant du roi, et qui en cette qualité ai droit de demander l'aumône de vive voix, d'être obligé de pêcher quelques sous par la fenêtre de la prison, dans un vieux pied de bas suspendu à une ficelle.

Comme il faisait cette observation, on l'emmena hors de la salle.

La déposition de Dousterswivel contenait un récit exagéré des mauvais traitemens qu'il avait reçus et de la perte qu'il avait faite.

— J'aurais voulu lui demander, dit M. Oldbuck, par quel hasard il se trouvait dans les ruines de Sainte-Ruth, dans un lieu si écarté, si solitaire, à une pareille heure, et avec un compagnon comme Ochiltrie. Aucune route ne passe par cet endroit, et j'ai peine à croire qu'une belle passion pour le pittoresque l'y ait conduit pendant une nuit si orageuse. Je suis convaincu qu'il méditait quelque coquinerie, et, suivant toutes les probabilités, il s'est laissé prendre dans ses propres filets : *Nec lex justior ulla* (1).

(1) Et il n'est pas de loi plus juste. — Tr.

Le magistrat convint qu'il y avait dans cette circonstance quelque chose de mystérieux, et s'excusa en disant que s'il n'avait pas fait de questions sur ce sujet à Dousterswivel, c'était parce que sa déposition avait été spontanée. Quant à l'accusation principale, elle était appuyée sur la déclaration faite par les deux Aikwoods, sur l'état dans lequel ils avaient trouvé l'adepte allemand; cette déclaration établissait le fait important que Edie Ochiltrie avait demandé à passer la nuit dans leur grange; qu'il s'y était retiré vers dix heures du soir, et qu'à leur retour, vers deux heures du matin, ils ne l'y avaient plus trouvé. Deux employés de l'entrepreneur des funérailles de Fairport qui figuraient à celles de la comtesse de Glenallan avaient aussi déclaré qu'ayant été chargés de poursuivre deux personnes suspectes qu'on avait vu fuir des ruines de Sainte-Ruth à l'instant où le convoi y entrait, et auxquels on soupçonnait le dessein de voler quelques-uns des ornemens funèbres, ils n'avaient pu les atteindre, à cause de la nature défavorable du terrain; mais qu'après les avoir perdus de vue plusieurs fois, celui des deux qui les suivait de plus près les avait vus entrer dans la cabane de Saunders Mucklebackit; qu'étant alors descendu de cheval, il s'en était approché sans bruit, et avait vu par la fenêtre Steenie Mucklebackit montrer au vieux mendiant un porte-feuille qui était sans doute celui de Dousterswivel; enfin, qu'il ne doutait pas que Steenie Mucklebackit et Edie Ochiltrie ne fussent les deux individus qu'ils avaient vus s'enfuir des ruines. Interrogé pourquoi il n'était pas entré dans la cabane, il avait répondu qu'il n'avait point de mandat à cet effet, et que connaissant Mucklebackit et sa famille pour des gens querelleurs et grossiers, il ne s'était pas soucié de se mêler de leurs affaires sans autorité légale.

— Que dites-vous de cette masse de preuves contre votre protégé, demanda le magistrat quand il vit que l'antiquaire venait de tourner la dernière feuille.

— S'il s'agissait de toute autre personne, je dirais que l'affaire, *primâ facie*, au premier aperçu, ne me paraît pas très-bonne; mais je ne puis me résoudre à condamner qui que ce soit pour une bastonnade appliquée sur le dos de Dousterswivel. Si j'avais été plus jeune d'une heure, si j'avais eu une étincelle de votre ardeur militaire, bailli, il y a long-temps que je me serais chargé moi-même de cette besogne. C'est un *nebulo nebulonum*, un imposteur impudent, un charlatan effronté, un fourbe dont les mensonges me coûtent cent livres sterling, et en coûtent Dieu sait combien à mon voisin sir Arthur. D'ailleurs, bailli, je ne le crois pas ami du gouvernement.

— Vraiment? si je le croyais.... cela changerait considérablement la face de l'affaire.

— Sans contredit; car, en le bâtonnant, le mendiant du roi n'a fait que donner une preuve de gratitude à son souverain; et s'il était vrai qu'il l'eût volé, ce dont j'ai des raisons pour douter, eh bien, il n'aurait fait que piller un Égyptien, et il était légitime de prendre la dépouille des Égyptiens. Mais qui sait si le voyage nocturne de cet intrigant aux ruines de Sainte-Ruth n'avait pas un but politique? Qui sait si toute cette histoire de trésors cachés n'est pas concertée avec nos ennemis de l'autre côté de l'eau, pour déterminer quelque homme puissant à se déclarer en leur faveur, ou pour fournir des fonds à quelque club séditieux?

— C'est précisément ce que je pense, mon cher monsieur. Que je m'estimerais heureux si je pouvais devenir l'humble instrument d'une découverte si importante? Ne pensez-vous pas qu'il serait à propos de faire mettre les volontaires sous les armes?

— Non pas encore, non pas tandis que la goutte les prive d'un membre essentiel de leur corps. Mais voulez-vous me permettre d'interroger Édie Ochiltrie?

— Certainement; mais vous n'en tirerez rien. Il m'a déclaré très-positivement qu'il connaissait le danger d'une déclaration juridique de la part d'un accusé, et, pour dire la vérité, c'est ce qui a fait pendre des gens plus honnêtes que lui.

— Mais vous ne trouvez pas d'inconvénient à ce que j'en fasse l'essai?

— Pas le moindre, Monkbarns. Mais j'entends le sergent en bas, et pendant ce temps j'irai prendre ma leçon de manœuvre. Baby, descendez mon fusil et ma baïonnette dans la salle basse; on y fait moins de bruit pour poser les armes à terre. — Et ainsi partit le magistrat martial, suivi de sa servante qui portait ses armes.

— Voilà un excellent écuyer pour un champion goutteux, dit Oldbuck. Hector, allons, mon garçon, allons, suivez-le. Ayez soin de l'occuper pendant une demi-heure ou environ; amusez-le par quelques termes militaires; donnez des éloges à sa tournure guerrière, à sa bonne mine sous les armes.

Le capitaine Mac-Intyre, qui, comme la plupart des hommes de sa profession, avait le plus profond mépris pour ces citoyens-soldats qui avaient pris les armes sans aucun titre régulier pour les porter, se leva fort à contre-cœur, en déclarant qu'il ne saurait que dire à M. Petit-Jean, et qu'il était véritablement par trop ridicule de voir un vieux boutiquier goutteux vouloir se mêler de remplir les fonctions et les devoirs de soldat.

—Cela est possible, Hector, répondit l'antiquaire, qui rarement admettait dans son intégrité une proposition quelconque, cela est très-possible dans le cas dont il s'agit, comme dans plusieurs autres; mais en ce moment notre pays ressemble au tribunal pour le recouvrement des petites dettes, où les parties plaident en personne, faute d'argent pour payer les héros de la plume. Dans le dernier cas, on ne regrette pas le manque d'éloquence et de finesse des avocats, et de même j'espère que, dans l'autre, nos cœurs et nos mousquets nous tireront d'affaire, quoiqu'il nous manque quelque chose de votre discipline et de votre tactique.

— Mon Dieu, mon oncle, dit Hector d'un ton d'humeur, je consens de tout mon cœur que tout le monde se batte, pourvu qu'on veuille bien me laisser en paix.

— Sans doute, vous êtes d'une humeur fort pacifique, vous dont l'ardeur querelleuse ne peut même laisser un pauvre *phoca* dormir tranquillement sur le rivage.

Mais Hector, que mortifiait toute allusion à son combat contre l'amphibie, voyant la tournure que prenait la conversation, se hâta de descendre pour y échapper avant que l'antiquaire eût achevé sa phrase.

CHAPITRE XXXVIII.

« Eh bien, quand j'aurais fait tout ce dont on m'accuse,
» Ce n'est meurtre ni vol, et voilà mon excuse.
» Si la tombe, s'ouvrant une seconde fois,
» D'un nouvel héritier, par mes soins, a fait choix,
» Est-ce un vol? Selon moi, c'est pure bienfaisance. »

Ancienne comédie.

L'ANTIQUAIRE, pour profiter de la permission qu'il avait obtenue d'interroger l'accusé, préféra se rendre dans l'appartement où l'on avait fait passer Olchitrie, plutôt que de donner un air d'apparat à l'interrogatoire en le faisant revenir dans celui qui servait de salle d'audience au magistrat. Il y trouva le vieillard assis près d'une fenêtre qui donnait sur la mer; il avait les yeux tournés de ce côté, et, presque sans qu'il s'en aperçût, de grosses larmes tombaient sur ses joues et le long de sa barbe blanche. Ses traits étaient pourtant calmes, et tout son extérieur annonçait la patience et la résignation. Oldbuck s'était approché de lui sans en être aperçu; et il le tira de sa rêverie en lui disant avec bonté : — Je suis fâché, Edie, de vous voir si affecté de cette affaire.

Le vieillard tressaillit, s'essuya les yeux à la hâte avec sa manche, et tout en tâchant de reprendre son ton habituel d'insouciance et de gaieté, répondit d'une voix plus tremblante que de coutume : — J'aurais dû me douter, M. Monkbarns, que c'était vous, ou quelqu'un d'importance comme vous, qui veniez me troubler; car un grand avantage des prisons et des cours de justice, c'est que vous avez le droit d'y entrer et d'en sortir quand bon vous semble, sans que personne vous en demande jamais le pourquoi.

— Allons Edie, reprit Oldbuck, j'espère que la cause de vos larmes n'est pas telle qu'on ne puisse bientôt vous la faire oublier.

— Et moi j'espérais, Monkbarns, répondit le mendiant d'un ton de reproche, que vous me connaissiez trop bien pour croire que le moment d'embarras où je me trouve tirerait des larmes de mes vieux yeux, qui ont vu bien d'autres malheurs. Non, non; mais je viens de voir passer cette pauvre jeunesse, la fille de Caxon, qui regardait la mer pour y chercher des motifs d'espérance, et qui n'en a pas trouvé. On n'a pas de nouvelles du brick de Taffril, depuis le dernier coup de vent, et l'on dit sur le quai qu'un bâtiment du roi s'est brisé sur le rocher de Rattray, et y a péri corps et biens. A Dieu ne plaise! Monkbarns, car le pauvre et jeune Lovel, que vous aimez tant, aurait bu à la grande tasse comme les autres.

— Oui vraiment! à Dieu ne plaise! répéta l'antiquaire: j'aimerais mieux que le feu fût à Monkbarns. Mon pauvre jeune ami, mon coadjuteur! Je vais aller à l'instant sur le quai.

— Vous n'y apprendrez rien de plus que ce que je vous ai dit, car les officiers de justice sont fort polis ici, c'est-à-dire aussi polis que des officiers de justice peuvent l'être : ils m'ont dit toutes leurs nouvelles, ils m'ont montré toutes leurs lettres, et il n'en est ni plus ni moins.

— Cela n'est pas vrai, cela ne peut pas l'être, et dans tous les cas je ne le croirai point. Taffril est excellent marin, et Lovel (mon pauvre Lovel!) a toutes les qualités qui rendent un voyage aussi sûr qu'agréable par mer comme par terre. Si je voulais faire un voyage maritime, ce que je ne ferai jamais, Edie, que pour traverser le Ferry (1), je voudrais qu'il fût mon compagnon, qu'il partageât mes dangers, *fragilemque mecum solvere phaselum* (2), car les élémens ne sauraient en vouloir à un jeune homme tel que lui. Non, Edie, cela est impossible; c'est un conte, un mensonge de cette fainéante, la Renommée, que je voudrais voir pendue ayant autour du cou sa trompette dont les sons, semblables aux cris du hibou, ne sont bons qu'à faire perdre l'esprit aux honnêtes gens. Parlons de vos affaires, et dites-moi comment vous vous êtes mis dans cet embarras.

— Me faites-vous cette question comme magistrat, M. Monkbarns, ou n'est-ce que pour votre satisfaction?

— Uniquement pour ma satisfaction.

— Et bien donc, remettez votre crayon dans votre

(1) On appelle généralement *Ferry* un bras de mer qu'on peut passer à bac; d'où vient *Queen's ferry*, le bras de mer de la Reine. Voyez le premier vol. chap. Ier — Éd.

(2) S'embarquer avec moi sur un frêle navire. — Tr.

porte-feuille, et votre porte-feuille dans votre poche, car je ne vous dirai rien tant que je vous verrai en main de quoi écrire. C'est un épouvantail pour des ignorans comme moi. Diable! il y avait dans l'autre chambre un clerc qui mettrait en blanc et noir de quoi vous faire pendre, avant que vous sussiez seulement ce que vous voulez dire.

Oldbuck s'étant conformé aux désirs du vieillard, Edie lui conta avec franchise tout ce que nos lecteurs savent déjà. Il lui avoua qu'après avoir vu la scène qui s'était passée entre Dousterswivel et sir Arthur dans les ruines de Sainte-Ruth, il n'avait pu résister à l'envie d'y attirer le fourbe, pour lui administrer une punition comique pour son charlatanisme. Il avait aisément déterminé Steenie Mucklebackit, jeune homme aussi hardi qu'inconsidéré, à le seconder dans ce projet, et celui-ci avait rendu la correction un peu plus sévère que le mendiant ne l'avait désiré. Relativement au porte-feuille, il avait été aussi surpris que fâché d'apprendre que Steenie l'avait ramassé, quoique ce fût sans mauvaise intention, et le jeune pêcheur avait promis devant toute sa famille de le faire rendre le lendemain, ce que sa mort malheureuse l'avait empêché d'exécuter.

— Votre récit me paraît probable, dit l'antiquaire après un moment de réflexion ; et ce que je connais des parties m'y fait ajouter foi. Mais relativement au trésor trouvé, je soupçonne que vous en savez plus que ce que vous avez jugé à propos de me dire. Je vous soupçonne d'avoir joué le rôle du *Lar familiaris* de Plaute ; et c'était (pour me mettre à votre portée, Edie) une espèce de brownie (1) gardien des trésors cachés. Je me souviens

(1) Les Brownies, lutins domestiques d'Écosse. Le *Trilby* de

que nous vous rencontrâmes tout à point, quand nous nous rendions aux ruines; ce fut vous qui nous engageâtes à ouvrir la tombe de Malcolm Baltard, et lorsque les ouvriers commençaient à se rebuter d'un travail qui paraissait inutile, ce fut encore vous qui descendîtes dans la fosse et qui fîtes la découverte du trésor. Maintenant il faut que vous m'expliquiez tout cela, si vous ne voulez que je vous traite comme Euclio traite Staphyla dans l'*Aulularia* de Plaute.

— Est-ce que je connais quelque chose à votre *Hurleraria*, Monkbarns? Ce que vous me dites ressemble plus à la langue des chiens qu'à celle des hommes.

— Mais vous connaissez quelque chose à la caisse des lingots?

— Quelle apparence! Croyez-vous qu'un vieux pauvre homme comme moi aurait connu un pareil trésor sans vouloir en retirer quelque profit? Et vous savez que je n'en ai ni rien eu, ni rien demandé. Qu'est-ce que j'ai de commun avec cette affaire?

— C'est précisément ce que je veux que vous m'expliquiez; parce que je vous dis très-positivement que vous connaissiez l'existence de ce trésor.

— Votre Honneur parle toujours très-positivement, et, pour en faire autant, je dois dire que vous avez souvent raison.

— Vous convenez donc que ma croyance est bien fondée?

Edie fit un signe de tête affirmatif.

— Expliquez-moi donc toute cette affaire d'un bout à l'autre, dit l'antiquaire.

Charles Nodier est de cette famille, dont il sera fait plus ample mention quand l'auteur lui donnera un rôle plus important. — ÉD.

9.

— Si c'était un secret qui m'appartînt, M. Monkbarns, répondit le mendiant, vous n'auriez pas besoin de me le demander deux fois, car j'ai toujours dit en arrière de vous, comme je le dis en votre présence, qu'à cela près des lubies qui vous passent quelquefois par la tête, il n'y a point parmi les gens comme il faut de nos environs un homme aussi prudent et aussi discret que vous. Mais je vous dirai franchement que ce dont vous me parlez est le secret d'un ami, et que plutôt que d'en dire un seul mot, je me laisserais écarteler, ou scier par le milieu du corps, comme les enfans d'Ammon. Tout ce que je puis vous dire, c'est qu'on n'avait pas de mauvaises intentions, et que bien au contraire on voulait rendre service à des gens qui valent deux mille fois mieux que moi. Mais il me semble qu'il n'y a pas de loi qui fasse un crime de savoir où est l'argent des autres, pourvu qu'on n'y mette pas la main.

Oldbuk fit deux ou trois tours dans la chambre sans parler, cherchant à deviner quels motifs pouvaient avoir donné lieu à une affaire si mystérieuse ; mais son imaginative se trouva en défaut. Il se plaça en face du prisonnier.

— Cette histoire, ami Ochiltrie, lui dit-il, est une véritable énigme, et il faudrait un second OEdipe pour l'expliquer. Dans quelque autre moment je vous dirai qui était cet OEdipe, si vous m'y faites penser. Au reste, soit par suite de la prudence, ou par une conséquence des lubies que vous m'attribuez, je suis fortement porté à croire que vous m'avez dit la vérité, d'autant plus que vous n'avez employé aucune de ces protestations auxquelles vous et vos semblables avez recours quand vous voulez tromper quelqu'un.

Ici Edie ne put retenir un sourire.

— Je vous ferai donc mettre en liberté, continua l'antiquaire, si vous voulez répondre à une seule question.

— Si vous voulez me faire connaître cette question, reprit Edie avec la circonspection d'un prudent Écossais, je vous dirai si je puis y répondre.

— La voici. Dousterswivel savait-il qu'il se trouvait une caisse pleine de lingots d'argent dans le tombeau de Baltard?

— S'il le savait! Vous n'en auriez jamais eu de nouvelles s'il l'avait su, le fourbe. C'eût été du beurre dans la loge d'un chien.

— C'est ce que je pensais. Eh bien, Édie, si je vous fais sortir de prison, je me flatte que vous serez exact à vous présenter devant le tribunal au jour dit, pour me faire décharger de mon cautionnement, car nous vivons dans un temps où un homme prudent doit y regarder de près avant de répondre pour un autre. A moins que vous ne puissiez trouver un autre coffre-fort, *alteram aulam auri plenam*, un autre *search n° 1*.

— Hélas! dit le mendiant en secouant la tête, je crains bien que l'oiseau qui avait pondu ces œufs d'or ne se soit envolé pour toujours. — (Car je n'appellerai pas cet oiseau une oie, quoique ce soit là le nom que lui donne l'histoire (1). — Mais soyez bien tranquille, M. Monkbarns, je paraîtrai au jour dit, et vous ne perdrez pas un sou à cause de moi. Sans doute je serais bien aise d'être en liberté par un si beau temps, et j'aurais l'espoir d'apprendre les premières nouvelles de nos amis.

(1) Allusion à un conte où c'est l'oie qui joue le rôle de la poule aux œufs d'or. — Éd.

— Eh bien, Edie, comme je n'entends plus de bruit au-dessous de nous, je présume que le bailli Petit-Jean a congédié son précepteur militaire; et qu'il a fait succéder les travaux de Thémis à ceux de Mars. Je vais le joindre, et m'entretenir avec lui de votre affaire. Mais je ne puis ni ne veux croire les mauvaises nouvelles que vous m'avez apprises.

— Dieu veuille que vous ayez raison! répondit le mendiant tandis qu'Oldbuck sortait de la chambre.

L'antiquaire trouva le magistrat, épuisé des fatigues de l'exercice, cherchant à reprendre haleine, assis dans son grand fauteuil, et fredonnant l'air:

« Ah! la joyeuse vie
» Que mènent les soldats! »

Et entre chaque mesure il avalait une cuillerée de mock-turtle (1). Il voulut en offrir à M. Oldbuck, qui le remercia en lui disant que, n'étant pas militaire, il ne se souciait pas de rien changer à la régularité des heures de ses repas. — Des soldats comme vous, bailli, doivent prendre leur nourriture quand ils en trouvent le temps et l'occasion. Mais à propos on débite de mauvaises nouvelles relativement à Taffril et à son brick.

— Pauvre diable! c'était l'honneur de Fairport. Il se distingua le 1er juin.

(1) Soupe façon de *tortue*, comme nous avons des filets de chevreuil, qui ne sont autre chose que des filets de mouton marinés. Le *mock-turtle* est un bouillon bien poivré, dans lequel nagent des morceaux de tête de veau, etc., au lieu de tortue. Le mot *mock* se traduirait assez bien par le grec *pseudo*, *fausse-tortue*.

F.D.

— Je suis fâché, bailli, de vous entendre parler de lui au prétérit.

— Je crains bien qu'il n'y ait que trop de raisons pour cela, M. Oldbuck; on dit que l'accident est arrivé sur les rescifs de Raltray, à environ vingt milles du côté du nord, près de la baie de Dirtenalan. J'ai envoyé aux informations, et votre neveu m'a quitté pour en aller chercher, avec autant d'empressement que s'il se fût agi d'aller lire une gazette annonçant une victoire.

En ce moment, Hector entra en s'écriant : — Je crois que c'est un mensonge; il n'y a pas l'ombre d'une preuve; ce n'est qu'un bruit d'enfer.

— Et je vous prie, M. Hector, lui dit son oncle, si le bruit se vérifiait, qui faudrait-il accuser de ce que Lovel était à bord?

— Certes, reprit Hector, ce serait moins ma faute que mon malheur.

— Comment ! Je ne m'en serais pas douté, dit l'oncle.

— Avec tout le désir que vous avez de me trouver toujours en faute, mon oncle, je présume que vous conviendrez qu'il n'y a rien à me reprocher dans cette affaire. J'ai fait de mon mieux pour atteindre Lovel, et si j'y avais réussi, je serais à sa place et lui à la mienne.

— Rien de mieux. Et qui comptez-vous atteindre maintenant, grace à ce sac de cuir sur lequel je lis : poudre à tirer.

— Je fais mes préparatifs pour aller chasser, le 12, dans les marais de Glenallan.

— Ah! Hector, ta grande *chasse*, comme les Français l'appellent, serait bien plus convenable

« *Omne quum Proteus pecus egit altos*
» *Visere montes* (1). »

Puissiez-vous trouver, le 12, un vaillant *phoca* au lieu d'un timide coq de bruyère!

— Au diable soit le veau marin, ou le *phoca*, monsieur, puisqu'il vous plaît de le nommer ainsi. Pour une petite folie qu'on a faite, il est bien dur de se la voir sans cesse jeter à la tête.

— Eh bien! eh bien! je suis charmé que le ciel vous fasse la grace d'en avoir honte. Je déteste toute la race des Nemrods, et je voudrais que comme vous ils trouvassent tous à qui parler : mais il ne faut pas qu'une plaisanterie vous effarouche, mon garçon; au surplus, tout est dit, quoique je sois sûr que le bailli pourrait nous dire au plus juste quel est le prix actuel des peaux de veaux marins.

— Fort cher, M. Oldbuck, répondit le magistrat. Elles sont en hausse, parce que la pêche n'a pas été heureuse depuis un certain temps.

— C'est ce dont nous pouvons rendre témoignage, dit l'antiquaire, enchanté que cette observation lui fournît une nouvelle occasion de tourmenter son neveu; mais consolez-vous, Hector, rival d'Alcide, vous pourrez quelque jour

« De la peau d'un phoca vous couvrir les épaules. »

— A présent, bailli, parlons d'affaires. Il faut que vous mettiez en liberté le vieil Edie sous cautionnement, sous un cautionnement modéré, voyez-vous.

(1) Lorsque Protée mena paître tout son troupeau (*amphibie*) sur les hautes montagnes. HORACE. — TR.

— Songez-vous à ce que vous demandez? répondit le magistrat. Il s'agit de vol, et de vol à main armée.

— Pas un mot de cela, bailli. Avez-vous oublié ce que je vous ai donné à entendre? vous ne tarderez pas à en savoir davantage : je vous réponds qu'il y a dans cette affaire quelque chose de mystérieux.

— Mais, M. Oldbuck, s'il s'agit d'une affaire qui concerne l'état, moi qui fais ici toute la besogne, j'ai droit d'être consulté, et jusqu'à ce que je sache.....

— Paix! paix! dit l'antiquaire en se mettant un doigt sur la bouche : vous en aurez tout l'honneur; vous serez chargé de conduire l'affaire quand la poire sera mûre. Mais nous avons à traiter ici avec un vieux drôle obstiné qui ne veut pas confier son secret à deux personnes, et il ne m'a pas encore suffisamment développé le fil des intrigues de Dousterswivel.

— Et si nous appliquions à cet Allemand la loi sur les étrangers (1)?

— A vous parler vrai, ce serait bien mon avis.

— Ne m'en dites pas davantage. Je ferai mon rapport. Il sera banni *tanquàm suspect.* — Voilà, je crois, une de vos phrases, Monkbarns?

— Phrase classique, bailli. Vous vous perfectionnez tous les jours.

— Les affaires publiques me donnent tant d'occupation depuis quelque temps, que j'ai été obligé de prendre mon premier commis pour associé. J'ai eu deux correspondances différentes avec le sous-secrétaire d'état; l'une relativement à la taxe proposée sur la graine

(1) L'*alien act.* Loi dont l'effet vient de cesser, mais remplacée par des petites sujétions assez puériles qu'on modifiera sans doute encore. — ÉD.

de chanvre de Riga ; l'autre sur les moyens de supprimer les sociétés politiques. Vous voyez donc bien que vous pouvez me communiquer tout ce que ce vieux coquin a découvert d'un complot contre l'état.

— C'est ce que je ferai dès que j'en connaîtrai tous les détails, car je ne me soucierais pas d'avoir l'embarras d'instruire une pareille affaire. Souvenez-vous pourtant que je ne vous dis pas positivement qu'il s'agisse d'un complot contre l'état ; je vous dis seulement que, par le moyen de ce vieillard, je compte pouvoir découvrir un complot.

— Mais il y a un complot, il s'agit certainement de trahison, ou tout au moins de sédition. Eh bien ! le cautionnerez-vous de quatre cents marcs ?

— Quatre cents marcs, bailli ! un vieux mendiant bleu ! Y pensez-vous ? Songez à l'acte de 1701 qui règle le montant des cautionnemens. Effacez un zéro de la somme. J'accepte un cautionnement de quarante marcs.

— Il n'y a personne dans Fairport, M. Oldbuck, qui ne désire vous obliger. D'ailleurs, je sais que vous êtes un homme prudent, et que vous ne vous exposeriez pas à perdre quarante marcs plus volontiers que quatre cents. Je recevrai donc le cautionnement que vous offrez, *meo periculo*. Que dites-vous encore de cette phrase ? Je l'ai entendue sortir de la bouche d'un savant avocat. Milord, disait-il, je vous garantis cela *meo periculo* (1).

— Et je vous garantirai de même Edie Ochiltrie *meo periculo*. Ainsi, que votre greffier rédige le cautionnement, et je le signerai.

(1) A mes risques et périls. — T<small>R</small>.

Quand cette formalité eut été remplie, l'antiquaire alla annoncer au vieux mendiant l'heureuse nouvelle de sa mise en liberté, lui dit de venir le rejoindre à Monkbarns, et en reprit lui-même le chemin avec son neveu, satisfaits de la bonne œuvre qu'ils venaient de faire.

CHAPITRE XXXIX.

« Plein de sages dictons et d'utiles proverbes. »
SHAKSPEARE. *Comme il vous plaira.*

— Pour l'amour du ciel, Hector ! dit l'antiquaire à son neveu le lendemain après avoir déjeuné, ménagez un peu plus nos nerfs, et ne déchargez pas à chaque instant votre arquebuse.

— Mon oncle, je suis fâché que ce bruit vous ait été incommode ; mais c'est un fusil de première qualité, un véritable Joé Manton (1) : il m'a coûté quarante guinées.

— Un fou et son argent ne sont pas long-temps ensemble, mon neveu ; au surplus, je suis charmé d'apprendre que vous ayez tant de guinées à jeter par les fenêtres.

(1) Armurier habile. — Tr.

— Chacun a sa fantaisie, mon oncle ; vous avez celle des livres.

— Oui ; et, si ma collection vous appartenait, le prix en passerait bientôt entre les mains de l'armurier et du maquignon :

> « ..... *Coemptos undique nobiles*
> » *Libros..............*
> » *Mutare loricis iberis* (1) *!* »

— Vos livres me seraient inutiles, mon cher oncle, j'en conviens, et vous ferez bien de les placer en de meilleures mains ; mais ne rendez pas mon cœur responsable des fautes de ma tête. Je ne donnerais pas un Mathurin Cordier (2) qui aurait appartenu à un ancien ami, pour un attelage de chevaux semblable à celui de lord Glenallan.

— Je vous crois, mon garçon, je vous crois. Je vous rends justice ; mais j'aime à vous tourmenter un peu ; cela maintient l'esprit de discipline et l'habitude de la subordination. Vous passerez ici votre temps fort agréablement ; je vous tiendrai lieu de capitaine, de colonel, de chevalier d'armes, comme dit Milton, et vous trouverez pour ennemis, sinon les Français, du moins *gens humida ponti*, car, comme dit Virgile :

> « *Sternunt se somno diversæ in littore phocæ ;* »

ce qu'on pourrait traduire ainsi :

> « Les phoques en dormant attendent sur la rive
> » Que pour les attaquer le brave Hector arrive. »

(1) Échanger contre des armures ibériennes de nobles livres ramassés de toutes parts. — Tr.

(2) Grammairien du seizième siècle qui fut le maître de Luther, et l'auteur d'un des premiers traités de *la Civilité puérile et honnête.* — Éd.

— Allons, allons, si vous vous fâchez, je ne dis plus rien; d'ailleurs, je vois le vieil Edie dans la cour, et j'ai à lui parler. — Vous souvenez-vous comme le phoca a sauté dans la mer, ainsi que son maître Protée?

« . . . . . . *Et se jactu dedit æquor in altum.* »

L'antiquaire sortit; et, dès que la porte fut fermée, le capitaine s'écria avec toute l'impatience de son caractère: — Mon oncle est le meilleur des hommes, le plus affectueux à sa manière; mais, plutôt que d'être exposé plus long-temps à ses sarcasmes sur ce maudit *phoca*, comme il l'appelle, je demanderais à servir dans un régiment en garnison aux Indes occidentales, et je ne le reverrais de ma vie!

Miss Mac-Intyre, attachée à son oncle par les liens de la reconnaissance, et aimant passionnément son frère, jouait toujours, en pareilles occasions, le rôle de conciliatrice. Lorsqu'elle entendit revenir son oncle, elle courut au-devant de lui.

— Eh bien! miss femelle, que veut dire cet air suppliant? Junon a-t-elle encore fait quelque malheur?

— Non, mon oncle; il n'y a rien à reprocher à Junon; mais son maître a si peur de vos railleries sur le veau marin! — Je vous assure qu'il y est plus sensible que vous ne pouvez le croire : sans doute c'est une folie, mais vous savez si bien tourner les gens en ridicule!

— Eh bien! ma chère, je mettrai un frein à mon humeur satirique; et, s'il est possible, je ne parlerai plus du *phoca*. Je ne suis plus *monitoribus asper* (1). Dieu le

(1) Rebelle aux avis. — Tr.

sait ; je suis une bonne pâte d'homme dont une sœur, une nièce et un neveu font tout ce que bon leur semble.

Après avoir fait ce petit panégyrique de sa docilité, M. Oldbuck entra, et proposa à son neveu de faire une promenade jusqu'à Mussel-Craig. — J'ai quelques questions à faire, lui dit-il, à une vieille femme qui demeure dans la cabane de Mucklebackit, je serais charmé d'avoir avec moi un témoin sensé ; et, faute de mieux, Hector, il faut que je me contente de vous.

— Vous avez le vieil Edie, mon oncle ; vous avez Caxon : ne pourraient-ils pas mieux vous convenir ?

— En vérité, jeune homme, vous me proposez d'aimables compagnons, et je suis très-sensible à votre politesse. Non, monsieur : j'ai dessein d'emmener avec moi le vieux Manteau-Bleu, mais ce n'est pas en qualité de témoin compétent ; car il est en ce moment, comme le dit notre savant ami le bailli Petit-Jean, *tanquàm suspectus*, au lieu que vous êtes, aux termes de la loi, *suspicione major*.

— Plût au ciel que je fusse major ! s'écria le capitaine s'attachant au dernier mot prononcé par son oncle, et qui n'était pas sans attrait pour des oreilles militaires ; mais sans argent et sans protection il est difficile d'arriver à ce grade.

— Laissez-vous guider par vos amis, illustre fils de Priam, et vous ne savez ce qui peut vous arriver. Venez avec moi, et vous verrez ce qui pourra vous être utile si jamais vous siégez dans une cour martiale.

— J'y ai siégé plus d'une fois au régiment, mon oncle. Mais voici une canne que je vous prie d'accepter.

— Bien obligé ! bien obligé !

10.

— Je l'ai achetée du tambour-major de notre régiment, qui avait servi dans l'armée du Bengale : elle a été coupée sur les bords de l'Indus, je puis vous l'assurer.

— Sur ma parole, c'est un superbe jonc des Indes ; c'est une canne digne de remplacer celle que le *ph*..... Ah ! qu'allais-je dire ?

L'antiquaire, son neveu et le vieux mendiant se mirent en route pour Mussel-Craig, le premier parlant d'un ton dogmatique aux deux autres, qui l'écoutaient avec cette attention qu'exigeaient d'eux les services qu'ils en avaient reçus, et ceux qu'ils en attendaient encore. L'oncle et le neveu marchaient sur la même ligne, et Ochiltrie les suivait un peu de côté, à un pas en arrière, de sorte que M. Oldbuck pouvait lui parler sans autre mouvement que de tourner un peu la tête. Petrie, dans son *Essai sur le savoir-vivre* (1), dédié aux magistrats d'Édimbourg, recommande cette position, d'après sa propre expérience, comme ayant été précepteur des enfans d'un homme de haut rang, à tous ceux qui vivent dans la dépendance d'un autre. Ainsi escorté, notre savant antiquaire s'avançait majestueusement comme un vaisseau de haut bord, lâchant de temps en temps une bordée scientifique sur les deux humbles bâtimens qui le suivaient.

— Ainsi donc vous pensez, dit-il au mendiant, que ce présent du ciel, cette *arca auri*, comme dit Plaute, ne sera pas fort utile pour tirer d'affaire sir Arthur ?

— A moins qu'il n'en trouve dix fois autant, répondit le mendiant, et c'est ce dont je doute fort. J'ai entendu ces deux coquins d'officiers de justice en parler,

(1) Pétrie : un Mathurin Cordier moderne. — Éd.

et c'est mauvais signe quand de pareilles gens parlent sans se gêner des affaires d'un homme comme il faut. Je crains bien que sir Arthur ne soit bientôt logé entre quatre murailles, à moins qu'il ne reçoive de grands et prompts secours.

—Vous ne savez ce que vous dites, Edie. — Mon neveu, c'est une chose remarquable que, dans cet heureux pays, personne ne peut être mis en prison pour dettes.

—En vérité, mon oncle? je n'en savais rien : cette loi conviendrait admirablement à quelques-uns de mes camarades.

—Mais s'ils n'y sont pas renfermés pour dettes, dit Ochiltrie, qu'est-ce donc qui engage tant de pauvres gens à rester dans la prison de Fairport? Ils disent tous que ce sont leurs créanciers qui les y ont logés : il faut qu'ils s'y trouvent mieux que moi, s'ils y restent de leur plein gré.

—Votre observation est très-naturelle, Edie, et des gens plus instruits que vous en diraient tout autant; mais elle est fondée sur une ignorance totale du système féodal. Hector, ayez la bonté de m'écouter, à moins que vous ne cherchiez si vous n'apercevrez pas un autre..... Hem! hem!

Hector, à cette phrase menaçante, parut donner à son oncle toute son attention.

—Et vous, Edie, il peut vous être utile *rerum cognoscere causas*, de connaître l'origine et la nature du mandat d'arrêt en Écosse : c'est une chose *haud aliena à Scævolæ studiis* (1). Je vous dirai donc encore une fois que personne en ce pays ne peut être arrêté pour dettes.

(1) Une chose non étrangère aux études de Scévola. —Tr.

— Cela ne m'importe guère, M. Monkbarns, car personne ne ferait crédit d'un bodle à un pauvre besacier.

— Paix! Edie: cependant, comme il fallait une sorte de compulsion au paiement, attendu que c'est une chose à laquelle nul débiteur n'est naturellement enclin, comme je le sais par expérience, nous avions d'abord quatre formes de lettres, espèce d'invitation amiable par laquelle notre seigneur souverain, le roi, s'intéressant comme monarque aux affaires particulières de ses sujets, procédait : 1° par une exhortation paternelle; 2° par des reproches plus sévères; 3° par des ordres plus rigoureux ; 4°..... Eh bien! Hector, qu'avez-vous à regarder cet oiseau? Ce n'est qu'une mouette.

— C'est un pictarnie (1), monsieur, dit Edie.

— Et quand cela serait, qu'importe en ce moment? Mais je vois que vous êtes impatient; je laisserai la lettre des quatre formes, et j'en viens aux usages usités aujourd'hui. Vous supposez qu'un homme est emprisonné parce qu'il ne peut payer ses dettes? Il n'en est rien. La vérité est que le roi est assez bon pour intervenir en faveur et à la requête du créancier, et pour envoyer au débiteur son ordre royal de le satisfaire dans un délai fixé, de six jours ou de quinze, suivant les cas. Mais si le débiteur résiste à cet ordre, s'il y désobéit, que s'ensuit-il? Qu'il est justement et légalement déclaré rebelle à notre gracieux souverain, dont il a méprisé les commandemens, ce qui a lieu au son du cor, trois fois répété, sur la place du marché d'Édimbourg, capitale de l'Écosse. Alors on le met légitimement en prison, non comme débiteur, mais comme réfractaire aux ordres du

(1) Martin-pêcheur.

roi. Que dites-vous à cela, Hector? Je vous apprends là ce que vous ne saviez pas (1).

— Il est vrai, mon oncle; mais si j'avais besoin d'argent pour payer mes dettes, je saurais meilleur gré au roi de m'en envoyer que de me déclarer rebelle pour n'avoir pas fait une chose impossible.

— Votre éducation, Hector, ne vous a pas conduit à examiner ce sujet sous un point de vue convenable; vous ne pouvez apprécier tout le mérite d'une fiction légale, et la manière dont elle concilie la sévérité que, pour protéger le commerce, on est obligé de déployer envers les débiteurs réfractaires, avec les égards les plus scrupuleux pour les droits et les privilèges des citoyens écossais.

— Je n'en sais rien, mon oncle; mais s'il fallait que j'allasse en prison faute de pouvoir payer mes dettes, il m'importerait fort peu d'y aller comme débiteur ou comme rebelle. Mais vous dites que cet ordre du roi donne un répit de quelques jours? Morbleu! si je me trouvais dans ce cas, je battrais une marche et je laisserais le roi et le créancier s'arranger ensemble.

— J'en ferais bien autant, dit Edie; je trouverais mon cautionnement dans mes jambes.

— Fort bien, dit l'antiquaire; mais quand la loi soupçonne quelqu'un de vouloir se soustraire à son empire, elle emploie des formes plus sommaires et moins cérémonieuses, comme ayant affaire à gens ne méritant ni patience ni faveur.

— Oui! oui! dit Ochiltrie; c'est sans doute ce qu'on appelle des mandats de fuite; j'en connais quelque chose.

(1) C'est ce qu'on appelle *a change of horning*. Voyez sur ces mots une note du tome 1 de Waverley. — Éd.

Il y a aussi du côté du sud des mandats de frontières, et je n'ai rien de bon à en dire. J'ai été arrêté une fois en vertu d'un de ces mandats, à la foire de Saint-Jacques, et l'on m'a gardé dans la vieille église de Kelso un jour et une nuit, et c'est une place bien froide et bien sombre. Mais qui est cette femme qui porte un panier sur le dos? C'est la pauvre Maggie, je crois.

C'était elle. Si la douleur qu'avait causée à la malheureuse mère la perte qu'elle avait faite n'était pas diminuée, du moins elle avait cédé à la nécessité impérieuse de pourvoir aux besoins de sa famille; et le ton avec lequel elle salua M. Oldbuck offrait un singulier mélange de l'accent de sa douleur encore récente, et des sollicitations qu'elle avait l'habitude d'adresser à ses pratiques.

— Comment va votre santé, M. Monkbarns? Je n'ai pas encore eu le courage d'aller vous remercier de l'honneur que vous avez fait au pauvre Steenie de porter son cercueil: le pauvre garçon, et à son âge! — Ici elle essuya ses yeux avec le coin de son tablier bleu. — Mais la pêche n'a pas été trop mal, quoique notre brave homme n'ait pas encore eu le cœur d'aller lui-même à la mer. J'avais bien envie de lui dire que cela lui ferait du bien de mettre la main à l'ouvrage, mais j'ai presque peur de lui parler, et Dieu sait que ce n'est pas mon usage. J'ai de superbes harengs frais, et je ne les vendrai que trois shillings la douzaine, car je ne suis pas en état de faire un bon marché; il faut que je me contente de ce qu'on voudra m'en donner, sans marchander.

— Que faire, Hector? dit Oldbuck en s'arrêtant. Mes femelles m'ont déjà cherché querelle pour un mauvais marché que j'avais fait avec cette femme. Les animaux marins portent malheur à notre famille, mon cher Hector.

— Eh bien! mon oncle, que voulez-vous? Il faut donner à cette pauvre femme ce qu'elle demande, ou permettez-moi d'envoyer un plat de poisson à Monkbarns.

En même temps il présenta à Maggie les trois shillings qu'elle avait demandés pour une douzaine de harengs frais; mais elle lui repoussa la main. — Non, non! capitaine, lui dit-elle, vous êtes trop jeune, et trop prodigue de votre argent : il ne faut jamais prendre une marchande de poisson à son premier mot. Et puis je crois qu'une petite dispute avec la vieille femme de charge de Monkbarns ou avec miss Grizzy me fera du bien. D'ailleurs je serais bien aise de voir cette bavarde de Jenny Rintherout. On m'a dit qu'elle n'était pas bien. La sotte s'était mis dans la tête mon pauvre Steenie, qui n'aurait seulement pas tourné la sienne sur son épaule pour la regarder. Oui, M. Monkbarns, ces harengs sont superbes, et l'on ne m'en rabattra pas grand'chose, pour peu qu'on en ait envie chez vous aujourd'hui.

A ces mots elle continua son chemin; le chagrin, l'habitude du commerce, la reconnaissance des bontés de ses supérieurs, et l'amour du gain, occupant tour à tour ses pensées.

— A présent que nous voilà à la porte de la cabane, dit Ochiltrie, je voudrais bien savoir, M. Monkbarns, pourquoi vous vous êtes embarrassé de moi pendant tout le chemin? Je vous avoue sincèrement que je n'ai aucun plaisir à entrer dans cette maison. Je n'aime guère à penser que l'ouragan renverse de jeunes arbres, tandis qu'il laisse sur pied un vieux tronc auquel il reste à peine encore une feuille verte?

—La vieille Elspeth, dit l'antiquaire, ne vous a-t-elle pas donné un message pour le comte de Glenallan?

—Oui, répondit le mendiant d'un air de surprise; mais comment savez-vous cela?

—Le comte de Glenallan me l'a dit lui-même; ainsi vous n'avez pas à craindre de manquer à la confiance qu'on a eue en vous; et comme il désire que je reçoive la déclaration d'Elspeth sur des affaires très-importantes, j'ai cru devoir vous amener avec moi, parce que, sachant combien sa raison est chancelante, je regarde comme possible que votre présence et le son de votre voix réveillent en elle des souvenirs que je n'aurais pas autrement le moyen de faire renaître dans son esprit. L'esprit humain..... Que faites-vous donc là, Hector?

— Je siffle Junon, mon oncle. Elle s'écarte toujours trop. Je savais que ma compagnie vous serait à charge.

—Nullement, nullement. L'esprit humain, disais-je, ressemble à un écheveau de soie mêlé; il faut tenir le bout du fil avant de pouvoir réussir à le débrouiller.

—Je n'entends rien à tout cela, dit le mendiant, mais si ma vieille connaissance a toute sa tête, comme quelquefois, elle peut nous donner du fil à retordre. C'est une chose à voir comme elle fait de grands gestes et comme elle parle aussi bon anglais qu'un livre, quoiqu'elle ne soit que la veuve d'un pêcheur; mais on lui a donné une grande éducation. Elle a une bonne dizaine d'années de plus que moi, mais je me souviens encore qu'on disait qu'elle faisait une mésalliance quand elle épousa Simon Mucklebackit, le père de Saunders, comme si elle était sortie de la côte d'Adam. Elle avait les bonnes graces de la comtesse; elle les perdit, elle les regagna; elle en reçut beaucoup d'argent, comme je l'ai entendu dire à son fils, et enfin elle vint s'établir ici avec lui après la mort de son mari. Mais rien ne leur a profité. Quoi qu'il en soit, c'est une femme bien éduquée; si elle se met à son anglais comme je l'ai vue faire jadis, elle nous en donnera à garder à tous.

CHAPITRE XL.

—

« La vie à petit bruit s'éloigne du vieil âge
» Comme on voit le reflux s'écarter du rivage.
» Tel ce navire altier, qui des ondes gaiement
» Obéissait naguère au moindre mouvement,
» S'arrête sur le sable, y demeure immobile,
» Quand les eaux s'éloignant le rendent inutile. »

Ancienne comédie.

Comme l'antiquaire mettait la main sur le loquet de la cabane, il fut surpris d'entendre la voix aigre et tremblante d'Elspeth chanter une ancienne ballade sur un ton lent et mélancolique de récitatif.

« Les harengs suivent la marée ;
» Le turbot obéit au vent ;
» Au rocher l'huître est amarrée,
» Modèle de l'amour constant. »

Amateur prononcé de ces anciennes légendes qu'il

aimait à recueillir (1), M. Oldbuck abandonna le loquet, et saisit son porte-feuille et son crayon. De temps en temps la vieille s'interrompait comme si elle eût parlé aux enfans. — Silence, dit-elle en ce moment, silence, mes enfans, je vais vous en chanter une bien plus belle.

> « Grands et petits, faites silence
> » Pour prêter l'oreille à mes chants.
> » Je vais célébrer la vaillance
> » Du plus fameux des Glenallans.
>
> » Quels flots de sang et quel carnage,
> » Aux champs d'Harlaw quand il périt !
> » De nos deux mers jusqu'au rivage
> » Le coronach en retentit. »

— Je ne me souviens pas du couplet suivant, dit-elle ; ma mémoire est si mauvaise, et il me passe de telles pensées dans la tête ! Dieu nous préserve de tentation ! — et elle se mit à fredonner comme pour se rappeler la suite de la ballade.

— C'est une ballade historique, dit Oldbuck, un fragment incontestablement véritable des poésies des anciens ménestrels. Percy en admirerait la simplicité ; Ritson ne pourrait en contester l'authenticité.

— Cela se peut, dit Ochiltrie, mais c'est une chose bien triste que de voir la nature humaine dégradée au point de s'amuser à de vieilles chansons, après une perte comme celle que cette femme vient de faire.

— Paix ! silence ! s'écria l'antiquaire, elle a retrouvé le fil de son histoire. — Et l'on entendit Elspeth continuer ainsi qu'il suit :

(1) L'antiquaire Walter Scott a débuté dans les lettres par une traduction allemande et un recueil de ballades écossaises. —Éd.

« Chaque guerrier de haut parage
» Montait un superbe coursier.
» Chaque coursier, plein de courage,
» Portait un beau *chafron* d'acier. »

— Chafron! s'écria l'antiquaire; c'est bien certainement de ce mot qu'est dérivé celui de chanfrain. Ce mot-là vaut un dollar. — Et il fit une note sur ses tablettes.

« Devant eux marchait l'épouvante,
» Tout cédait à leurs étendards,
» Quand Donald enfin se présente
» Avec vingt mille montagnards.

» Pour voir cette troupe ennemie,
» Se levant sur ses étriers,
» Le comte craignit pour la vie
» De tant de braves chevaliers.

» Combattre semble une folie ;
» Reculer c'est s'humilier.
» Entre la mort et l'infamie,
» Il s'adresse à son écuyer.

» Dis-moi, si j'étais Roland Cheyne,
» Et que tu fusses Glenallan,
» Leur disputerais-tu la plaine?
» Fuirais-tu? Quel serait ton plan? »

— Il faut que vous sachiez, mes enfans, dit Elspeth, que toute vieille et toute pauvre que vous me voyez assise au coin du feu, ce Roland Cheyne était un de mes ancêtres, et il fit des prouesses sans nombre dans cette bataille, surtout après que le comte eut été tué, car il se reprocha de lui avoir conseillé de combattre avant l'arrivée de Mar, de Mearns, d'Aberdeen et d'Angus.

Sa voix s'anima et devint plus ferme en chantant la réponse de son ancêtre.

« Si vous n'étiez que Roland Cheyne,
» Et que je fusse Glenallan,
» Je m'élancerais dans la plaine
» Et je m'écrierais : en avant !

» Ils sont cent contre un, mais qu'importe ?
» Le danger double la valeur.
» Croit-on que le nombre l'emporte
» Sur le courage et sur l'honneur ?

» En rangs serrés chargeons les traîtres,
» Nous les mettrons en désarroi.
» Les montagnards à nos ancêtres
» N'inspirèrent jamais d'effroi. »

— Entendez-vous cela, mon neveu, dit Oldbuck ; vous voyez que les montagnards vos ancêtres ne paraissaient pas fort redoutables aux guerriers qui se préparaient à les combattre.

— J'entends une sotte chanson, chantée par une sotte femme, répondit Hector ; et je suis surpris que vous, monsieur, qui ne daignez pas écouter le chant de Selma d'Ossian, puissiez entendre avec plaisir de telles balivernes. Sur mon honneur, jamais je n'ai vu ni entendu une plus mauvaise ballade à un sou ; et je ne crois pas qu'aucun colporteur du pays pût vous en fournir le pendant. Dieu merci, l'honneur de nos montagnes ne dépend pas d'un misérable rimailleur. — Et il secoua la tête d'un air de mépris et d'indignation.

La vieille femme avait sûrement entendu leurs voix, car elle ne continua pas sa ballade, et s'écria : — Entrez, entrez ! des amis ne restent pas à la porte.

11.

Ils entrèrent, et trouvèrent Elspeth seule, assise sur son fauteuil et présentant l'image de la Vieillesse personnifiée, telle qu'elle est peinte dans le chant du hibou (1),

« Couverte de haillons, ridée, sale, aux yeux ternes,
» Au teint flétri, et à l'air languissant. »

— Ils sont sortis, leur dit-elle, mais si vous voulez vous asseoir un moment, quelqu'un va venir bientôt. Si vous avez besoin de parler à ma bru ou à mon fils, ils ne tarderont pas à rentrer. Pour moi je ne parle jamais d'affaires. Enfans, donnez des chaises. Eh bien, où sont-ils donc? ajouta-t-elle en regardant autour d'elle; je leur chantais une ballade pour les tenir tran-

(1) Voyez l'ouvrage de mistress Grant, sur les Superstitions des Highlands, vol. II, pag. 260, où l'on trouve cette belle traduction gaëlique. *Note de l'auteur écossais* (*).

(*) Ce poëme est ainsi appelé parce qu'il est adressé à un hibou que des circonstances particulières associent aux souvenirs de l'auteur. Celui-ci est un poète inconnu qui n'a laissé que cette œuvre, où l'on trouve l'expression d'un grand amour de la nature. C'était, dit-on, un chasseur qui vivait solitaire sur le bord du Loch Laggun. Voici l'apostrophe à la Vieillesse, qui ne manque pas de poésie : le lecteur doit se contenter d'une simple traduction littérale pour avoir une idée de ce fragment gaëlique :

« Tu es bien cruelle, Vieillesse! nous ne pouvons éviter l'étreinte de ta
» main : tu courbes l'homme dont la stature droite s'élève et superbe et
» martiale.
» Tu abrèges ses jours, tu raccourcis ses membres, tu dégarnis sa tête
» de dents, tu défigures son visage avec des rides.
» O spectre en haillons, sale, ridé, aux yeux ternes, au teint livide,
» à l'air insouciant; lépreux! pourquoi me laisserais-je enlever mon arc
» par violence? Je suis plus digne de mon excellent arc de bois d'if que
» toi, Vieillesse, chauve et sourde, qui es assise, hideuse, auprès du
» foyer, etc. »

La Vieillesse lui répond qu'un bâton convient mieux à ses maux qu'un arc, et qu'elle a de son propre aveu désarmé maint héros supérieur à lui, etc.

ÉD.

quilles; il faut qu'ils soient partis sans que je m'en aperçusse. Mais asseyez-vous, messieurs, asseyez-vous; quelqu'un rentrera bientôt.

Et faisant tourner son fuseau, elle se remit à filer, sans faire plus d'attention à ces étrangers, et sans s'inquiéter de leur rang, ni de ce qui pouvait les amener.

— Je voudrais bien, dit Oldbuck, qu'elle continuât sa ballade, ou plutôt sa légende. J'ai toujours soupçonné qu'il y avait eu une escarmouche de cavalerie avant la grande bataille de Harlaw.

— S'il plaît à Votre Honneur, dit Edie, ne vaudrait-il pas mieux songer à l'affaire pour laquelle nous sommes venus? Quant à la ballade, je me charge de vous la donner quand vous le voudrez.

— Je crois que vous avez raison, Edie. *Do manus*, j'y consens. Mais comment nous y prendre? Elle semble être le radotage en personne. Parlez-lui, Edie; voyez si elle se souviendra de vous avoir envoyé à Glenallan.

Edie se leva, traversa la chambre, et vint se placer devant elle dans la même position qu'il avait occupée pendant leur dernière conversation. — Je suis bien aise de vous voir si bonne mine, commère, lui dit-il, d'autant plus que le taureau noir vous a foulée aux pieds depuis que j'ai été sous la poutre de votre toit.

— Oui, répondit Elspeth plutôt par une idée vague de quelque calamité que par un souvenir bien distinct du malheur qu'avait essuyé sa famille; oui, il y a eu du chagrin parmi nous depuis peu. Je ne sais comment les jeunes gens peuvent le supporter, mais je n'en puis faire autant. Quand j'entends le vent siffler et la mer mugir, il me semble que je vois une barque qui coule à fond et quelqu'un qui lutte contre les vagues. Ce sont des songes fatigans comme ceux qu'on fait quelquefois sans être ni bien endormi ni bien éveillé. Il y a des momens où je m'imagine que mon fils Saunders, ou mon petit-fils Steenie est mort, et que j'ai vu son enterrement. N'est-il pas singulier qu'une vieille femme sourde fasse un pareil rêve? Pourquoi mourrait-il avant moi? Cela n'est pas dans le cours de la nature.

— Vous ne tirerez rien de cette stupide vieille femme, dit Hector qui nourrissait peut-être quelque mécontentement contre elle à cause de la manière méprisante dont ses compatriotes étaient traités dans la ballade qu'elle avait chantée; — je vous assure que vous n'en tirerez rien, et c'est perdre notre temps que de rester ici à écouter son radotage.

— Hector, dit l'antiquaire, si vous ne respectez pas ses malheurs, respectez son âge et ses cheveux blancs. Elle est dans ce dernier période de la vie si bien décrit par le poète latin:

« .... Omni
» Membrorum damno major dementia, quæ nec
» Nomina servorum, nec vultum agnoscit amici
» Cum quo præteritâ cœnavit nocte; nec illos
» Quos genuit, quos eduxit (1). »

— C'est du latin, dit Elspeth en entendant Oldbuck déclamer ces vers d'un ton un peu ampoulé. C'est du latin, répéta-t-elle en jetant autour d'elle des yeux égarés. Est-ce qu'un prêtre m'aurait trouvée à la fin?

(1) Démence plus cruelle encore que la faiblesse; elle a oublié les noms de ses serviteurs, le visage de l'ami avec lequel elle a soupé la veille; elle ne reconnaît ni ceux qu'elle a engendrés ni ceux qu'elle a élevés. — Tr.

— Vous voyez, mon neveu, qu'elle comprend ce beau passage presque aussi bien que vous.

— J'espère, mon oncle, que vous ne doutez pas que je n'aie reconnu aussi bien qu'elle que c'était du latin.

— Quant à cela... Mais chut! elle va parler.

— Je ne veux point de prêtre, s'écria la vieille avec autant de force qu'il lui en restait; je n'en veux point. Je veux mourir comme j'ai vécu. Personne ne dira que j'aie trahi ma maîtresse, pas même pour sauver mon ame.

— Voilà qui n'annonce pas une conscience bien nette, dit le mendiant. Je voudrais qu'elle consentît à la décharger, ne fût-ce que pour elle-même. — Et il lui adressa de nouveau la parole : — Eh bien, bonne femme, j'ai fait votre commission pour le comte.

— Pour quel comte? Je ne connais pas de comte. J'ai connu une comtesse autrefois, et plût au ciel que je ne l'eusse jamais connue, car c'est grace à cette connaissance que j'ai vu venir chez moi... Voyons... Et elle se mit à compter sur ses doigts longs et décharnés, — D'abord l'orgueil, ensuite la méchanceté, puis la vengeance, enfin le faux témoignage; et si le meurtre n'est pas entré, il était sur le seuil de la porte. N'étaient-ce pas des hôtes bien aimables pour s'établir dans le cœur d'une femme? Je crois que la compagnie était assez nombreuse.

— Mais, commère, je ne vous parle pas de la comtesse de Glenallan; je vous parle de son fils, du comte, de celui qu'on appelait lord Geraldin.

— Je m'en souviens à présent. Il n'y a pas long-temps que je l'ai vu, et nous avons eu une longue conversation. Eh! eh! le beau jeune lord est devenu aussi vieux et aussi débile que moi. On sait combien de ravages les peines du cœur et un amour contrarié peuvent faire sur la jeunesse. Pourquoi sa mère n'y a-t-elle pas fait attention? Elle était ma maîtresse, j'étais faite pour exécuter ses ordres. N'est-ce pas la vérité? Je suis sûre que personne ne peut me blâmer. Il n'était pas mon fils, et elle était sa mère. Vous savez la vieille chanson : je ne vous la chanterai pas, car ma mémoire vieillie en a perdu l'air.

> « Je la respecterai toujours :
> » Qu'ai-je de plus cher sur la terre?
> » Je puis avoir d'autres amours,
> » Je n'aurai jamais d'autre mère. »

Et puis il n'était qu'un demi-Glenallan; c'était en elle que coulait le vrai sang de la famille. Non, non, je ne regretterai jamais d'avoir fait ce que j'ai fait, et d'avoir souffert ce que j'ai souffert pour la comtesse Joscelinde; je ne le regretterai jamais.

Et elle se remit à filer avec l'air réservé d'une personne décidée à ne pas en dire davantage.

— J'ai entendu dire, reprit le mendiant, à qui Oldbuck soufflait tout bas ce qu'il devait dire, qu'il y avait une mauvaise langue qui avait fait bien du mal au comte, c'est-à-dire à lord Geraldin et à sa jeune femme.

— Une mauvaise langue! répéta-t-elle d'un air alarmé; et qu'avait-elle à craindre d'une mauvaise langue? N'était-elle pas aussi bonne que belle? Du moins c'était ce que tout le monde disait. Si elle n'avait pas elle-même donné carrière à sa langue sur le compte des autres, qui sait si elle ne vivrait pas encore, si elle ne serait pas une grande dame aujourd'hui?

— Mais j'ai entendu dire, commère, que lorsqu'ils

s'étaient mariés, le bruit avait couru dans le pays qu'ils étaient trop proches parens pour que ce mariage fût permis.

— Qui ose parler ainsi? s'écria la vieille avec vivacité; qui ose dire qu'ils étaient mariés? qui le savait? Ce n'était pas la comtesse; ce n'était pas moi. S'ils étaient mariés en secret, ce fut en secret qu'ils furent séparés. Ils ont bu à la source de leur propre imposture.

— Non, vieille misérable, s'écria Oldbuck, incapable de se contenir plus long-temps. Ils ont bu le poison que vous et votre coquine de maîtresse leur aviez préparé.

— Ah! ah! reprit la vieille, j'ai toujours pensé que les choses en viendraient là. Eh bien, il ne s'agit que de garder le silence quand on m'interroge. Il n'y a plus de torture aujourd'hui, mais s'il y en a, qu'on me déchire. — Malédiction sur la vassale dont la bouche trahit celui dont elle mange le pain!

— Parlez-lui, Edie; elle connaît votre voix; elle vous répondra plus volontiers, dit l'antiquaire.

— Nous n'en tirerons plus rien, répondit le mendiant. Quand elle prend cette posture, et qu'elle tient ses bras croisés, on dit qu'elle est des semaines entières sans prononcer une parole. D'ailleurs, à mon avis, et d'après sa physionomie, elle a bien baissé depuis que nous sommes entrés. Cependant je vais encore essayer, pour satisfaire Votre Honneur. — Ainsi donc, commère, vous ne pouvez vous mettre dans l'esprit que votre ancienne maîtresse la comtesse Joscelinde a changé de demeure.

— Changé de demeure! s'écria-t-elle; car le nom de la comtesse ne manquait jamais de produire un grand effet sur elle; il faut donc que nous la suivions tous.

Quand elle est en selle, il faut que chacun monte à cheval. Qu'on dise à lord Geraldin que nous sommes en avant. Donnez-moi ma coiffe et mon fichu. Voulez-vous que je monte dans la voiture de milady avec mes cheveux en désordre comme ils le sont?

Elle leva ses bras décharnés avec les gestes d'une personne qui s'habille à la hâte, et la tête pleine de l'idée d'un voyage; elle débitait en même temps quelques phrases sans suite et sans liaison.

— Appelez miss Neville! Que voulez-vous dire, lady Geraldin? il n'y a pas de lady Geraldin. Je vous dis Eveline Neville. Dites-lui de changer de robe, la sienne est toute mouillée, et qu'elle tâche de ne point paraître si pâle. Son enfant! et que ferait-elle d'un enfant? lui serait-il tombé du ciel? Theresa! Theresa! milady nous appelle. Apportez une lumière, je ne sais pourquoi le grand escalier est aussi noir qu'à minuit. Nous voilà, milady! nous voilà!

En prononçant ces derniers mots elle se laissa aller sur son fauteuil, et de là sur le plancher. Edie s'empressa de la relever; mais à peine la tenait-il dans ses bras qu'il s'écria: — C'en est fait, elle a passé avec ses dernières paroles.

— Impossible! s'écrièrent en même temps Oldbuck et son neveu. — Mais rien n'était plus certain: elle avait expiré à l'instant même où elle avait cessé de parler, et il ne restait devant eux que les dépouilles mortelles de la créature qui avait lutté si long-temps contre le sentiment de son crime secret, joint aux infirmités de la vieillesse et aux rigueurs de l'indigence.

— Fasse le ciel qu'elle aille dans un meilleur monde! dit Edie en regardant ce corps inanimé; mais elle avait sur le cœur un poids bien lourd. J'ai vu bien des fois la mort sur le champ de bataille et sur un lit de paille, mais il n'en est pas dont je ne préférasse le spectacle à celui des dernières angoisses de celle-ci.

— Il faut appeler les voisins, dit Oldbuck revenant à peine de l'horreur et de la surprise que lui avait causées cette mort subite; il faut les avertir de cette nouvelle calamité. J'aurais voulu qu'elle nous eût fait quelques aveux, et, quoique cela soit de moindre importance, qu'elle eût pu me dicter sa ballade historique; mais que la volonté du ciel s'accomplisse!

Ils sortirent de la cabane, annoncèrent la nouvelle dans le hameau, et toutes les matrones d'un âge respectable s'assemblèrent sur-le-champ pour rendre les soins d'usage au corps de la défunte, qu'on pouvait regarder comme l'aïeule de cette colonie de pêcheurs.

Ochiltrie ayant demandé à M. Oldbuck si sa présence était encore nécessaire, et en ayant reçu une réponse négative, se retira en prenant le chemin qui conduisait à Knockwinnock, tandis que l'antiquaire promettait aux voisines rassemblées de pourvoir aux frais de l'enterrement.

— Votre Honneur devrait bien, dit Alison Breck que le décès d'Elspeth rendait la doyenne de la congrégation, nous envoyer quelque chose pour nous soutenir le cœur pendant la *lyke-wake* (1), car tout le gin de Saunders, pauvre homme! a été bu aux funérailles de Steenie, et nous ne trouverons guère de gens disposés à rester près d'un corps mort, la bouche sèche. Elspeth ne manquait pas d'adresse dans sa jeunesse, comme je m'en

---

(1) La veillée du mort. — Éd.

souviens parfaitement, mais on a toujours dit qu'elle n'était pas née sous une bonne étoile. Il ne faut pas mal parler des morts, et surtout d'une commère et d'une voisine; mais il a couru des bruits bien étranges sur une jeune femme et un enfant, avant qu'elle quittât Craigburnsfoot. Ainsi donc la vérité est que ce sera une pauvre *lyke-wake*, à moins que Votre Honneur ne nous envoie quelque chose qui puisse y amener du monde.

— Vous aurez du whiskey, répondit Oldbuck, d'autant plus que vous avez conservé le mot propre pour désigner cette ancienne coutume de veiller les morts. Vous remarquerez, Hector, que ce mot est véritablement teuton, dérivé de *leichnam*, cadavre. C'est mal à propos qu'on se sert de l'expression *late-wake*, quoique Brand (1) se soit déclaré en faveur de cette étymologie vicieuse, qui n'est qu'une corruption moderne de l'ancien langage.

—Je crois, pensa Hector, que mon oncle donnerait le domaine de Monkbarns à quiconque viendrait le lui demander en bon saxon. Ces vieilles femmes n'auraient pas eu une goutte de whiskey, si leur présidente en avait demandé pour la *late-wake* (2).

(1) Auteur des *Antiquités populaires*. — Éd.

(2) Nous trouverons dans la *Fiancée de Lammermoor* de nouveaux détails sur le *lyke-wake*. Cette obligation de veiller le mort est un devoir effrayant en Écosse, à cause des idées superstitieuses qu'on attache au *lyke-wake*. Dans l'intervalle du dernier soupir et de l'enterrement, on croit que l'âme voltige encore autour du cadavre, et qu'elle peut être rappelée momentanément sous son enveloppe mortelle par le moyen de certains rites ou par le simple oubli de certaines précautions et cérémonies d'usage. Par exemple, si on laisse seulement la porte de la rue entr'ouverte, le don de la parole est rendu soudain au défunt; il faut que la porte soit fer-

Tandis que M. Oldbuck donnait ses dernières instructions pour les obsèques de la défunte, un domestique de sir Arthur, courant au grand galop le long des sables, s'arrêta dès qu'il aperçut l'antiquaire. Il lui dit qu'il était arrivé du nouveau au château, ne voulant ou ne pouvant s'exprimer davantage, et que miss Wardour l'avait chargé de courir en toute diligence à Monkbarns pour prier M. Oldbuck de se rendre à Knockwinnock sans perdre un instant.

— Je crains, dit l'antiquaire à son neveu, que la carrière de sir Arthur ne touche à sa fin. Que faire.

— Que faire? s'écria Hector avec l'impétuosité qui le caractérisait; monter sur ce cheval, et en dix minutes vous serez au château de Knockwinnock.

— Il galope bien, dit le domestique descendant de cheval, resserrant la sangle et ajustant les étriers; seulement il regimbe un peu quand il sent qu'il n'est pas monté par un cavalier expérimenté.

— Je serais bientôt un cavalier hors de selle, dit l'antiquaire. Que diable, mon neveu, êtes-vous las de moi, ou me supposez-vous las de vivre, pour vouloir me placer sur le dos d'un pareil Bucéphale? Non, non; s'il faut que j'aille aujourd'hui à Knockwinnock, ce sera en me servant des jambes que le ciel m'a données, et j'y mettrai toute la diligence possible. Le capitaine Mac-Intyre peut monter cet animal lui-même, si bon lui semble.

mée ou grande ouverte. On préfère la laisser ouverte pour exercer plus facilement l'hospitalité. Les liqueurs ne doivent pas être épargnées aux veilleuses. On ne doit pas non plus laisser le cadavre seul un moment, et il est dangereux de le regarder si on l'a abandonné, etc., etc. — Éd.

— Je n'ai pas l'espoir de pouvoir être utile, mon oncle; mais s'il est arrivé quelque malheur dans cette famille, je désire prouver tout l'intérêt que j'y prends. Je vais donc prendre l'avance, et j'annoncerai votre prochaine arrivée : prêtez-moi vos éperons, mon ami.

— Vous n'en aurez guère besoin, monsieur, répondit le domestique en les ôtant de ses jambes, et en les attachant à celles du capitaine; l'animal ne demande qu'à courir.

Oldbuck fut confondu de ce dernier acte de témérité: — Êtes-vous fou, Hector? s'écria-t-il, ou avez-vous oublié ce que dit Quinte-Curce? Comme militaire, vous devez être au moins familier avec cet auteur, *nobilis equus umbrâ quidem virgæ regitur; ignavus ne calcari quidem excitari potest* (1), ce qui démontre clairement que les éperons sont toujours inutiles, et je puis ajouter qu'ils sont quelquefois dangereux.

Hector, qui sur un tel sujet ne s'inquiétait ni de l'opinion de Quinte-Curce ni même de celle de son oncle, se contenta de lui répondre d'un air d'insouciance : — Ne craignez rien, ne craignez rien ; et il partit au grand galop.

> « Au coursier à ces mots il a lâché la bride,
> » De son talon armé pressant ses flancs poudreux ;
> » Le voilà loin déjà : dans sa course rapide
> » Il n'écoute plus rien, à peine si ses yeux
> » Ont eu le temps de mesurer l'espace.
> » .... »

— Voilà un assortiment parfait, dit l'antiquaire en le regardant s'éloigner ; un cheval emporté et un jeune

(1) Un noble cheval est conduit avec l'ombre seule de la baguette: un cheval paresseux ne peut être excité même par l'éperon. — Tr.

écervelé, les deux créatures de la chrétienté les plus difficiles à gouverner, et tout cela pour arriver une demi-heure plus tôt dans un endroit où personne n'a besoin de lui : ce n'est pas un chevau-léger qui guérira la maladie de sir Arthur. Il faut que ce soit un tour de scélératesse de Dousterswivel, pour qui sir Arthur a tant fait; car je ne puis m'empêcher de penser qu'à l'égard de certains caractères Tacite a eu raison de dire : *Beneficia eò usque læta sunt, dùm videntur exsolvi posse; ubi multùm antevenére, pro gratiâ odium redditur* (1), ce qui doit convaincre un homme sage qu'il ne faut rendre à personne des services assez grands pour qu'on ne puisse les acquitter, de peur d'obliger les débiteurs à faire une banqueroute de reconnaissance.

Tout en se citant à lui-même de pareils lambeaux de philosophie cynique, notre antiquaire suivait le chemin de Knockwinnock; mais il est nécessaire que nous l'y précédions pour expliquer les motifs qui y faisaient désirer sa présence.

---

(1) Les bienfaits sont reçus avec plaisir tant qu'on croit pouvoir les payer : quand ils ont dépassé cette mesure, la haine remplace la reconnaissance. — Tr.

CHAPITRE XLI.

―――

> « Ainsi pendant que l'oie, illustre dans la fable,
> » Tranquille et sans témoin couvait ses beaux œufs d'or
> » Un jeune enfant survient qui d'une main coupable,
> » La surprend dans son nid, lui prend le cou, le tord,
> » Et change un rêve délectable
> » En tristes sons de mort. »
>
> *Les amours des plantes marines.*

Depuis que sir Arthur Wardour s'était mis en possession du trésor trouvé dans le tombeau de Malcolm Baltard, il avait été dans une situation d'esprit qui ressemblait au délire plutôt qu'à la raison. Sa fille craignit même un instant que sa tête ne fût dérangée; car ne doutant pas qu'il n'eût le moyen de se procurer des richesses sans bornes, il parlait et agissait comme un homme qui aurait trouvé la pierre philosophale. Il voulait acheter des domaines contigus aux siens, et d'autres ensuite qui l'auraient conduit jusque sur l'autre côte d'Écosse, comme s'il ne pouvait plus souffrir d'autre voisin que la mer. Il avait écrit à un architecte célèbre, pour le consulter sur le projet de reconstruire le château de Knockwinnock sur un plan qui aurait égalé en magnificence celui de Windsor, avec un parc qui en fût digne. Il voyait ses antichambres remplies d'une foule de domestiques en livrée, et déjà, car à quoi ne peut aspirer le possesseur d'une richesse sans bornes ! son imagination faisait briller à ses yeux la couronne de marquis, et même celle de duc. Sa fille pouvait aspirer à tout, et une alliance avec le sang royal ne s'élevait pas même au-dessus de la sphère de ses espérances ; son fils devenait général ; et lui-même tout ce que l'ambition peut se figurer dans ses rêves les plus extravagans ; si quelqu'un voulait au milieu de cette extase ramener sir Arthur dans les régions de la vie commune, il répondait dans le sens du vieux Pistol :

« Je me moque du monde et de ses habitans,
» Je vous cite l'Afrique et ses trésors brûlans (1).

Qu'on se figure la surprise de miss Wardour quand, au lieu de subir un interrogatoire sur les prétentions de Lovel, comme elle s'y attendait d'après la longue conférence de son père avec M. Oldbuck, elle vit que la conversation de sir Arthur annonçait une imagination exaltée par l'espoir de posséder une fortune immense. Mais elle fut plus sérieusement alarmée quand elle vit son père envoyer chercher Dousterswivel, prendre son parti, le plaindre de ce qui lui était arrivé, et s'enfer-

(1) Shakspeare. *Henry V*. — Éd.

mer avec lui dans son cabinet, où il commença par l'indemniser de la perte qu'il avait faite. Les soupçons qu'elle avait toujours conçus contre cet intrigant prirent une nouvelle force quand elle apprit les peines qu'il s'était données pour entretenir les rêves de sir Arthur, et pour s'assurer, sous différens prétextes, la plus grande part possible d'un trésor si singulièrement trouvé.

D'autres symptômes fâcheux se succédèrent rapidement. Chaque courrier apportait des lettres que sir Arthur ne se donnait pas la peine de lire, et qu'il jetait au feu sans les décacheter, après avoir reconnu l'écriture de l'adresse. Miss Wardour ne put s'empêcher de soupçonner que ces épîtres dont son père semblait si bien connaître le contenu par une sorte d'intuition, lui étaient écrites par des créanciers un peu pressans. Cependant le secours temporaire qu'il avait trouvé dans la caisse *Search*, n° 1, s'évanouissait rapidement. La majeure partie avait servi à payer la dette de six cents livres, pour laquelle on menaçait sir Arthur de poursuites très-sérieuses. Une partie du reste fut donnée à l'adepte, et le surplus fut employé à des extravagances que le pauvre chevalier crut pouvoir se permettre, d'après ses brillantes espérances. Il fallait aussi fermer pour un instant la bouche de quelques créanciers qui, fatigués de ne recevoir que de belles promesses, commençaient à croire qu'il était temps de toucher quelque chose de plus substantiel.

Sir Arthur, naturellement impatient, reprocha à Dousterswivel de manquer aux promesses qui semblaient devoir convertir en or tout son plomb. Mais l'adepte voyait parfaitement qu'il n'avait plus rien à espérer de sa dupe, et il lui restait assez de pudeur pour ne pas se soucier d'être témoin de la chute d'une maison sous laquelle il avait creusé une mine. Il voulut donc bien faire encore la dépense de quelques mots savans pour que sir Arthur ne se tourmentât pas plus tôt qu'il n'était nécessaire. Il prit congé de lui en l'assurant qu'il reviendrait le lendemain à Knockwinnock armé de tous les moyens convenables pour délivrer le chevalier de tous ses embarras.

— Depuis que moi m'occuper de pareilles matières, dit Dousterswivel, jamais ne m'être troufé si près de l'*arcanum*, du grand mystère, du polychreste, du panchreste. Moi en safoir autant que Pelasco de Tarente; et si moi ne pas fous procurer sous deux ou trois jours la caise n° 2 du pon M. Pastard, fous poufoir m'appeler un misérable, et moi renoncer à jamais fous regarder en face.

L'adepte partit après lui avoir donné cette assurance consolante, dans la ferme résolution de s'en tenir à la dernière partie de sa proposition, et de ne jamais se représenter devant sir Arthur. Le baronnet, après son départ, resta dans le doute et l'inquiétude. Les promesses positives de l'adepte, et les grands mots polychreste, panchreste, etc., n'avaient pas laissé de produire quelque effet sur son esprit; mais il avait trop souvent été trompé par un jargon semblable pour y ajouter une foi explicite, et il passa la soirée dans sa bibliothèque, dans l'état terrible d'un homme qui, placé sur un précipice, et n'ayant aucun moyen de retraite, voit la pointe sur laquelle il se trouve se détacher graduellement du reste du roc, et l'entraîner dans l'abîme.

Les visions de l'espérance s'évanouirent peu à peu, et firent place à cette agitation fiévreuse, à cette agonie anticipée dont se sent tourmenté un homme qui doué d'une noble fierté, ayant possédé une belle fortune, père de deux enfans, et ayant à soutenir un ancien nom, voit s'approcher l'instant fatal où il faut renoncer à la splendeur que l'habitude lui a rendue nécessaire, et être condamné au mépris et à l'indigence. Avec cette triste perspective devant les yeux, et n'osant plus se livrer à ses illusions, sir Arthur devint fantasque et bourru, et ses discours comme ses actions annoncèrent souvent cette insouciance produite par le désespoir; ce qui alarma extrêmement miss Wardour. Nous avons vu, dans une autre occasion, qu'il avait les passions aussi vives que son caractère était faible sous d'autres rapports; il n'était pas accoutumé à la contradiction, et s'il avait passé jusqu'alors pour un homme enjoué et de bonne humeur, c'était probablement parce que dans tout le cours de sa vie il n'avait trouvé que peu d'occasions de se livrer à son naturel irritable.

Le troisième jour après le départ de Dousterswivel, le domestique, suivant l'usage, déposa sur la table, pendant qu'on déjeunait, le journal et les lettres du jour. Miss Wardour se mit à lire les nouvelles, pour tâcher de faire moins d'attention à la mauvaise humeur de son père, qui était entré dans une violente colère parce que les rôties étaient un peu brûlées.

— Je vois ce que c'est, dit-il en finissant de longues plaintes sur ce sujet intéressant; mes domestiques, qui ont profité de ma fortune, commencent à croire qu'ils ont peu de chose à attendre de moi à l'avenir; mais tant que les drôles seront à mes gages, je ne souffrirai pas qu'ils négligent leurs devoirs : ils ne se permettront pas la plus légère diminution du respect qu'ils doivent à leur maître.

— Je suis prêt à en sortir sur-le-champ, dit le domestique accusé, dès que Votre Honneur aura donné ordre qu'on me paie mes gages.

Sir Arthur mit la main dans sa poche avec la même vivacité que s'il eût été piqué par un serpent, et en tira sur-le-champ tout l'argent qui s'y trouvait, mais qui ne suffit pas pour compléter la somme due au domestique.

— Combien avez-vous d'argent sur vous, miss Wardour? dit-il à sa fille avec un calme affecté, mais qui cachait une violente agitation.

Miss Wardour lui donna sa bourse; il essaya de compter les billets de banque qui s'y trouvaient, mais il n'en put venir à bout. Après avoir inutilement recommencé deux fois son calcul, il jeta le tout à sa fille. — Payez ce drôle, lui dit-il, et qu'il sorte du château à l'instant. — Et en même temps il quitta l'appartement.

La maîtresse et le domestique furent également surpris de la violence et de l'irritation que le baronnet venait de montrer.

— Bien certainement, miss Wardour, dit le domestique, si j'avais cru être le moins du monde en faute, je n'aurais pas fait à sir Arthur la réponse qui l'a fâché; je suis depuis long-temps à son service, et il a toujours été bon maître comme vous êtes bonne maîtresse; je ne voudrais pas vous laisser croire que je pense à m'en aller pour un mot de reproche. Je conviens que j'ai eu tort de lui parler de mes gages dans un moment où Son Honneur a peut-être quelque chose qui le tourmente : je ne pensais pas à quitter la famille de cette manière.

— Descendez, Robert, dit miss Wardour; quelque chose a donné de l'humeur à mon père, descendez; et si mon père sonne, que ce soit Alick qui monte.

A peine sortait-il, que sir Arthur rentra, comme s'il eût guetté l'instant de son départ. — Que veut dire ceci? s'écria-t-il en voyant encore les billets de banque sur la table; n'est-il pas encore congédié? en est-il du père comme du maître? n'obéit-on plus à l'un ni à l'autre?

— Il est allé rendre ses comptes à la femme de charge, mon père; je ne croyais pas qu'il fût si urgent......

— Très-urgent, miss Wardour; les ordres que je donne maintenant dans le château de mes pères doivent être exécutés à l'instant, ou ils ne le seront jamais.

Il s'assit, et prit d'une main tremblante la tasse de thé qui lui avait été préparée, jetant de temps en temps un coup d'œil sur les lettres qui étaient sur la table, comme s'il eût redouté de les ouvrir, et qu'elles eussent contenu des aspics prêts à s'élancer sur lui.

— Vous apprendrez avec plaisir, lui dit miss Wardour cherchant à le distraire des sombres réflexions dans lesquelles il paraissait plongé, que le brick du lieutenant Taffril est entré dans la rade de Leith. On avait eu des craintes pour sa sûreté; je suis charmée de n'en avoir rien su avant qu'elles fussent dissipées.

— Et qu'ai-je de commun avec Taffril et son brick!

— Mon père! dit miss Wardour surprise au-delà de toute expression; car sir Arthur, dans son état d'esprit ordinaire, aimait à entendre parler de tout ce qui se passait dans le pays.

— Oui! répéta-t-il avec une impatience encore plus marquée; que m'importe qu'ils soient sauvés ou perdus? que m'en reviendra-t-il?

— Je ne savais pas que vous eussiez l'esprit occupé d'affaires, mon père; et je croyais que M. Taffril étant un homme généralement estimé, un de nos concitoyens, vous seriez heureux d'apprendre......

— Oh! sans doute je suis heureux, très-heureux! et pour vous rendre heureuse aussi, je vais vous apprendre quelque bonne nouvelle en retour. — Et prenant une lettre sur la table : Peu importe laquelle j'ouvrirai, ajouta-t-il; elles chantent toutes sur le même ton.

Il rompit le cachet à la hâte, parcourut la lettre, et la jeta à sa fille. — Oui, dit-il, je ne pouvais tomber plus heureusement; voilà qui met la dernière main à l'œuvre.

Miss Wardour prit la lettre en silence et avec terreur.

— Lisez! lisez tout haut! vous ne pouvez trop la lire; elle vous apprendra à vous familiariser avec d'autres épîtres du même genre.

Elle commença à lire d'une voix tremblante : — « Mon cher monsieur........ »

— Mon cher monsieur! vous voyez! un impudent clerc de procureur qui, il y a un an, se serait cru honoré de dîner avec mes gens! Je présume qu'avant peu il m'appellera mon cher Knight (1).

— « Mon cher monsieur, » répéta miss Wardour. Mais s'interrompant elle-même : — Mon père, dit-elle, je vois que le contenu de cette lettre n'est nullement agréable; je ne puis que vous irriter en la lisant à haute voix.

— Si vous voulez bien m'accorder que je sais ce qui me fait plaisir, miss Wardour, je vous prie de continuer : si cela n'était pas nécessaire, vous devez penser que je ne vous en donnerais pas la peine.

— « Ayant été récemment associé, continua miss

(1) Chevalier non baronnet, et un degré au-dessous. — Éd.

Wardour en lisant la lettre, à M. Gilbert Greenhorn, fils de feu votre ancien homme d'affaires, Girnigo Greenhorn, écrivain du sceau dont j'ai conduit les affaires comme clerc chargé de les suivre au palais pendant plusieurs années, lesquelles affaires seront désormais continuées sous la raison de Greenhorn et Grinderson (ce que je vous rappelle pour que vous adressiez exactement vos lettres à l'avenir), et ayant eu dernièrement la faveur de votre dernière, adressée à mon susdit associé, Gilbert Greenhorn, et attendu qu'il est aux courses de Lamberton, j'ai l'honneur de répondre à votre dite lettre dont j'ai été favorisé. »

— Vous voyez que mon ami est méthodique ; il commence par m'expliquer les causes qui m'ont procuré un correspondant si modeste et si élégant. Continuez ; je puis supporter cette lecture.

Et il termina ce peu de mots par ce sourire amer qui exprime si cruellement l'angoisse de l'ame. N'osant lui désobéir, miss Wardour, quoiqu'à regret, continua la lecture.

— « Je suis fâché, tant pour mon compte personnel que pour celui de mon associé, qu'il nous soit impossible de vous trouver la somme que vous désirez, comme de solliciter un sursis aux poursuites de Goldiebird ; ce qui serait d'autant plus inconséquent de notre part, que nous avons été chargés par ledit Goldiebird de lever un mandat d'arrêt contre vous, ce que vous avez dû connaître par la sommation qui vous a été faite de nous payer comme procureurs et agens dudit Goldiebird la somme de quatre mille sept cent cinquante-six livres cinq shillings six pences sterling et un quart, non compris les frais et accessoires, ce que nous espérons que vous ferez dans le délai voulu par la loi, pour éviter d'autres poursuites. Je me trouve en même temps dans la nécessité de vous faire observer que vous nous devez personnellement sept cent soixante-neuf livres dix shillings six pences, somme qu'il nous serait agréable de toucher ; mais comme nous sommes nantis de tous vos titres, papiers et documens, nous ne refusons pas de vous accorder un délai convenable, c'est-à-dire jusqu'au terme prochain. Je suis fâché d'avoir à ajouter, tant en mon nom qu'au nom de mon associé, que nous avons reçu de M. Goldiebird l'ordre d'agir contre vous *peremptoriè et sine morâ* (1), ce dont nous croyons devoir vous instruire, afin que vous ne puissiez prétendre cause d'ignorance. Sur quoi, je suis pour moi et mon associé, mon cher monsieur, votre très-humble et obligé serviteur Gabriel Grinderson, pour Greenhorn et Grinderson. »

— Quelle lâche ingratitude ! s'écria miss Wardour.

— Ils ont raison, dit le baronnet en affectant un calme que démentaient ses lèvres tremblantes et ses yeux égarés ; c'est l'usage. Il aurait manqué quelque chose au coup qui me frappe s'il ne m'avait été porté par cette main. Mais il y a un post-scriptum, ce me semble ; je n'y avais pas fait attention. Voyons, achevez la lecture de cette épître.

— « *P. S.* J'ai à ajouter, non de mon chef, mais de la part de mon associé, que M. Greenhorn consent à s'arranger avec vous pour prendre votre vaisselle d'argent et vos quatre chevaux bais, s'ils sont en bon état, en déduction du montant de votre compte, et d'après une équitable estimation. »

(1) Péremptoirement et sans retard. — Tr.

— Que le ciel le confonde! s'écria sir Arthur ne pouvant se contenir en entendant une proposition si obligeante. Son grand-père ferrait les chevaux de mon père, et ce rejeton d'un misérable maréchal prétend s'approprier les miens! Mais je vais lui répondre.

Et il se mit à écrire avec beaucoup de vivacité en prononçant chaque mot à mesure qu'il l'écrivait : — « M. Gilbert Greenhorn, en réponse à la dernière lettre que je vous ai écrite, j'en reçois une d'un nommé Grinderson qui se dit votre associé : quand j'écris à quelqu'un, je m'attends qu'il me répondra lui-même. Je crois avoir rendu plus d'un service à votre père, et m'être toujours conduit envers vous avec affection et civilité; j'ai donc lieu d'être surpris...... » Et pourquoi serais-je surpris? dit-il en s'interrompant, ou pourquoi perdrais-je mon temps à écrire à ce drôle? Je ne resterai pas toujours en prison, je suppose, et mon premier soin, une fois libre, sera de briser les os à ce misérable.

— En prison, mon père! s'écria miss Wardour en tressaillant.

— Oui, sans doute, en prison : en pouvez-vous douter? A quoi donc vous a servi cette belle épître de monsieur....... monsieur.......? n'importe son nom. A moins que vous n'ayez quatre mille et tant de cents livres avec l'appoint suffisant en shillings et en pences pour solder la créance de M. Goldiebird, sans oublier les accessoires, comme le dit mon digne correspondant.

— Plût au ciel que je le pusse! Mais où est donc mon frère? pourquoi ne vient-il pas ici? il pourrait nous aider.

— Qui, Reginald? Je présume qu'il est allé aux

courses de Lamberton avec M. Gilbert Greenhorn, ou quelque autre personnage aussi respectable. Je l'attendais la semaine dernière; mais rien ne me surprend : mes enfans peuvent me négliger comme les autres. Pardon, ma chère Isabelle, jamais vous n'avez ni négligé ni offensé votre père.

Et l'embrassant tendrement, tandis qu'elle lui jetait les bras autour du cou, il goûta cette consolation que trouve un père dans ses plus grands malheurs quand il est assuré qu'il possède la tendresse d'un enfant bienaimé.

Miss Wardour profita de ce retour de sensibilité pour tâcher de calmer l'esprit de son père ; elle lui rappela qu'il lui restait des amis.

— J'en ai eu, répondit sir Arthur ; mais j'ai épuisé l'amitié des uns par mes entreprises extravagantes, et il manque aux autres la volonté ou le pouvoir de m'être utiles : tout est fini pour moi. Puisse mon exemple servir de leçon à Reginald !

— Et si j'envoyais à Monkbarns, mon père ?

— A quoi bon ? Oldbuck ne peut me prêter une somme si considérable ; et quand il le pourrait il n'en ferait rien, car il n'ignore pas que je suis criblé de dettes : tout ce que j'obtiendrais de lui se bornerait à des sentences de philosophie et à des citations latines.

— Mais il est sensé, intelligent ; il se connaît en affaires judiciaires, et il a toujours eu de l'amitié pour notre famille.

— Oui, je le crois. Où en sommes-nous, grand Dieu ! quand l'amitié d'un Oldbuck semble de quelque importance à un Wardour ! Au surplus, au point où en sont les choses, où elles doivent arriver incessamment, il n'y a pas d'inconvénient à le faire prier de venir. Mais allez faire votre promenade ordinaire, Isabelle; maintenant que vous voilà instruite, j'ai l'esprit plus calme: vous savez tout, vous savez à quoi vous devez vous attendre tous les jours, à chaque instant. Allez, Isabelle, allez; je désire être seul quelques instans.

Dès que miss Wardour eut quitté son père, son premier soin fut de profiter de l'espèce de permission qu'il lui avait accordée pour envoyer à Monkbarns un domestique, qui, comme nous l'avons vu, rencontra l'antiquaire et son neveu sur les bords de la mer.

Ne sachant où elle portait ses pas, et ne s'en inquiétant guère, le hasard la conduisit vers un endroit qu'on nommait le Banc des Broussailles. Un ruisseau, qui autrefois jetait ses eaux dans les fossés du château, descendait dans ce lieu champêtre où le goût de miss Wardour avait fait tracer un sentier qui, quoique facile et bien entretenu, avait l'air de ne rien devoir à l'art. Il était parfaitement assorti avec le caractère de cette petite vallée, ombragée par d'épais taillis de coudriers et d'aubépines.

C'était là que s'était passée entre miss Wardour et Lovel cette scène d'explication qu'Edie Ochiltrie avait entendue. Les malheurs qui menaçaient sa famille disposaient le cœur d'Isabelle à l'attendrissement; elle se rappela tout ce que Lovel lui avait dit pour la supplier d'être favorable à ses vœux, et elle ne put se défendre d'un mouvement secret de vanité en songeant qu'elle avait inspiré une passion si vive et si désintéressée à un jeune homme doué de tant de talens et de qualités. Qu'il eût abandonné une profession dans laquelle il obtenait, disait-on, un avancement rapide, pour s'enterrer dans une ville comme Fairport, et s'y livrer à une passion sans espoir, c'était ce que d'autres auraient pu regarder comme un coup de tête causé par un caractère romanesque; mais ce ne pouvait être qu'un excès d'affection aux yeux de celle qui en était l'objet, et il eût été bien difficile qu'elle ne le pardonnât point. S'il avait possédé une fortune indépendante, quelque modique qu'elle fût ; s'il avait eu droit à tenir un rang honorable dans la société dont il était fait pour être l'ornement, elle aurait en ce moment les moyens d'adoucir l'infortune de son père en lui offrant un asile chez elle. Ces pensées, si favorables à l'amant absent, se présentaient en foule à son esprit, suivies d'une récapitulation exacte de ses actions, de ses paroles et de ses regards; ce qui prouvait qu'en refusant d'écouter ses protestations de tendresse, elle avait consulté son devoir plutôt que son inclination. Ces réflexions, et celles que lui inspirait la situation de son père, occupaient alternativement l'esprit d'Isabelle, quand, à un détour du sentier, le vieux Manteau-Bleu se trouva tout à coup devant elle.

Prenant l'air d'un homme qui a quelque chose d'important et de mystérieux à communiquer, Edie ôta son chapeau, s'avança vers elle sur la pointe des pieds, et lui dit à demi-voix, comme s'il eût craint d'être entendu : — Je désirais bien de vous rencontrer, miss Wardour, car vous devez savoir que je n'aurais guère osé entrer au château, de crainte d'y trouver Dousterswivel.

— Oui, dit miss Wardour en jetant une pièce d'argent dans son chapeau (1), j'ai appris que vous avez fait un trait de folie, pour ne rien dire de plus, Edie, et je l'ai appris avec peine.

(1) Vignette du tome IIIe. — Éd.

— De folie! ma bonne jeune dame. Tout le monde est fou; comment le vieil Edie Ochiltrie serait-il sage? Et où est le grand mal? Que ceux qui connaissent Dousterswivel disent s'il a eu autre chose que ce qu'il mérite.

— Cela est possible, Edie; mais vous n'en avez pas moins tort.

— Eh bien, eh bien, nous ne nous disputerons pas là-dessus. C'est de ce qui vous regarde que je veux vous parler. Savez-vous ce qui menace la maison de Knockwinnock?

— De grands malheurs, Edie; je le crains du moins. Mais je ne croyais pas que le bruit en fût déjà si répandu.

— L'huissier Sweep-Clean (1) y sera aujourd'hui avec toute sa séquelle. Je le tiens d'un de ses recors, comme on les appelle, et qui doit le suivre; ils vont se mettre en besogne incessamment. Il n'y a pas besoin de mettre les moutons dans le pré qu'ils ont fauché, car ils ont soin de le tondre d'assez près.

— Je sais que ce malheur doit arriver, Edie; mais croyez-vous qu'il soit si prochain?

— C'est comme je vous le dis, ma jeune dame; cependant, ne vous laissez point abattre. Ne voyez-vous pas le ciel au-dessus de vous comme dans cette nuit terrible que vous avez passée entre Bally-Burg-Ness et Halket-Head? Croyez-vous que celui qui vous a protégée contre la fureur des eaux ne puisse vous défendre de la méchanceté des hommes, quoique armés de l'autorité humaine?

---

(1) Nom qu'on pourrait rendre par celui de *maison nette*, ou bon-balai.

— Il est bien vrai ; il n'y a plus qu'en lui seul que nous devons avoir confiance.

— On ne sait pas ; on ne sait pas. — Plus la nuit est obscure, plus l'aurore s'approche. Si j'avais un bon cheval, et que je fusse en état de le monter, dans le cas où j'en aurais un, je me flatte que tout ne serait pas encore perdu. J'espérais grimper sur l'impériale de *la Reine Charlotte;* mais la voilà arrêtée probablement pour quelque temps à Kittlebrig. Il y avait à côté du cocher un jeune homme qui a voulu se mêler de conduire la voiture, et Tom Sang, qui aurait dû avoir plus de bon sens, a été assez fou pour y consentir. Or, quand il a fallu tourner le pont, ce brave galant a accroché une borne, et renversé la voiture comme je renverserais une écuelle vide. J'ai été bienheureux de ne pas m'être perché sur le *top* (1). De sorte qu'entre l'espoir et la crainte je venais voir si vous voudriez me faire partir.

— Et où voulez-vous aller, Edie?

— A Tannonburgh, ma bonne jeune dame. C'était le premier relais après Fairport ; mais il était plus près de Knockwinnock que de cette ville ; et il faut que j'y aille sans délai, et uniquement à cause de vous.

— A cause de nous, Edie ! Hélas ! je vous sais gré de vos bonnes intentions, mais.....

— Mais il n'y a pas de *mais,* miss Wardour ; il faut que j'y aille.

— Et qu'allez-vous faire à Tannonburgh ? Comment ce voyage peut-il être utile aux affaires de mon père ?

— C'est un petit secret qu'il faut laisser sous les cheveux blancs du vieil Edie, miss Wardour, sans lui faire

---

(1) Le *top* ou l'*outside*, l'impériale de la diligence. — Éd.

de questions là-dessus. Si j'ai risqué ma vie pour vous certaine nuit, vous pouvez bien croire que je n'ai pas envie de vous jouer un mauvais tour dans l'instant de votre détresse.

— Eh bien, suivez-moi, Edie; je tâcherai de vous faire conduire à Tannonburgh.

— Dépêchez-vous donc, miss Wardour, dépêchez-vous, pour l'amour du ciel! — Et il ne cessa de l'exhorter à se hâter qu'en arrivant au château.

CHAPITRE XLII.

> « L'aille voir qui voudra, j'en suis peu curieux.
> » De son rang, de sa pompe il était amoureux;
> » Il tenait à ces riens, à ces vaines chimères
> » Que d'un cruel destin les décrets trop sévères
> » Sans en avoir pitié viennent d'anéantir;
> » Qui lui pourrait pourtant refuser un soupir,
> » En voyant sur son front le terrible ravage
> » Qu'ont fait la vanité, le désespoir et l'âge ? »
> *Ancienne comédie.*

Lorsque miss Wardour arriva dans la cour du château, elle vit au premier coup d'œil que les agens de la justice y étaient déjà arrivés. La tristesse, la confusion, et la curiosité, partageaient les domestiques, tandis que les ministres de la loi allaient de chambre en chambre, faisant l'inventaire du mobilier et de tout ce qui était sujet à saisie (1). Le capitaine Mac-Intyre arriva au moment où,

---

(1) Poinding est le terme qui équivaut à *Distress* ou *Distraint*, (saisie) dans le Code d'Écosse. — Éd.

muette de désespoir en acquérant la cruelle conviction de la ruine de son père, elle s'arrêtait sur le seuil de la porte.

— Ma chère miss Wardour, lui dit-il, ne désespérez de rien; mon oncle va arriver, et je ne doute pas qu'il ne trouve moyen de chasser du château ces misérables.

— Hélas! capitaine, je crains qu'il ne soit trop tard.

— Non! s'écria Edie d'un ton d'impatience; non, il n'est pas trop tard, si je puis aller à Tannonburgh. Au nom du ciel, capitaine, trouvez quelque moyen pour me faire partir, et cette pauvre famille vous devra le plus grand service qui lui ait été rendu depuis le temps de Main-Sanglante; car, comme les vieilles prédictions ne mentent pas, c'est aujourd'hui que le domaine de Knockwinnock sera perdu et gagné.

— Et de quelle utilité sera ce voyage, Edie? demanda Hector.

Robert, le domestique contre lequel sir Arthur s'était mis en colère le matin, et qui semblait chercher une occasion de donner une preuve de zèle, s'avança à la hâte vers sa maîtresse, et lui dit : — Je vous en supplie, miss Wardour, ne négligez pas ce que vous dit le vieux Ochiltrie : il se connaît mieux que personne aux maladies des vaches et des chevaux; il sait plus de choses qu'on ne pense; et puisqu'il insiste tellement pour aller à Tannonburgh, il faut qu'il ait de bonnes raisons pour cela. Si vous le désirez, je l'y conduirai en une heure dans la charrette. Je voudrais être bon à quelque chose; car, quand je pense à ce matin, je me couperais volontiers la langue avec les dents.

— Je vous remercie, Robert, dit miss Wardour; et si vous croyez réellement qu'il y ait la moindre apparence que ce voyage puisse être de quelque utilité........

— Pour l'amour du ciel, Robert! s'écria Edie, attelez le cheval à la charrette; et si le voyage ne sert de rien, je vous permets, en revenant, de me jeter par-dessus le pont de Kittlebrig. Mais dépêchez-vous; le temps est précieux aujourd'hui.

Robert jeta un coup d'œil sur sa maîtresse, qui entrait dans la maison, et voyant qu'elle lui faisait un signe de consentement, il courut à l'écurie pour y prendre un cheval et l'atteler sans délai; car quoiqu'un vieux mendiant fût le dernier homme du monde de qui on pût attendre des secours dans un embarras pécuniaire, les gens de la classe de Robert avaient une si haute idée de la prudence et de la sagacité d'Edie Ochiltrie, que ce domestique était convaincu que le vieillard insistait pour faire ce voyage, parce qu'il était certain d'être utile. Mais dès que Robert eut mis la main sur un cheval pour l'atteler à la charrette, un des officiers de justice, lui frappant sur l'épaule, lui dit: — Mon ami, ne touche pas à ce cheval, il est compris dans la saisie.

— Quoi! dit Robert, je ne puis prendre le cheval de mon maître pour faire une commission pour ma maîtresse?

— Vous ne devez rien faire sortir d'ici, répondit l'huissier en fonctions, ou vous serez responsable des conséquences.

— Comment diable! s'écria Hector qui avait suivi Ochiltrie pour tâcher de l'engager à s'expliquer sur la nature de ses espérances, et qui, rongeant intérieurement son frein, ne cherchait qu'un prétexte pour se mettre en colère; auriez-vous l'impudence d'empêcher ce domestique d'exécuter les ordres de sa maîtresse?

Le geste et le ton du jeune officier avaient quelque chose qui semblait annoncer que son intention ne se bornerait pas à des représentations, et qui, tout en promettant l'avantage final d'un procès-verbal de rébellion à justice, donnait à craindre les désagréables circonstances nécessaires pour y donner lieu. Le fils de Thémis, placé en face de celui de Mars, leva d'une tremblante main la verge destinée à renforcer son autorité, et de l'autre montra le petit bâton garni en argent et orné d'un anneau mobile, signe officiel de sa dignité ; puis s'adressant à Hector : — Monsieur, lui dit-il, capitaine Mac-Intyre, je n'ai point affaire à vous ; mais si vous m'interrompez dans l'exercice de mes fonctions, je me déclarerai violenté, et je briserai la verge de la paix.

—Déclarez-vous tout ce qu'il vous plaira, dit Hector ; qui diable s'en soucie ? Brisez votre verge si bon vous semble ; tout ce que je sais, c'est que je vous briserai les os si vous empêchez ce garçon d'exécuter les ordres de sa maîtresse.

—Je prends à témoin tous ceux qui sont ici, dit le messager d'armes (1), que je me suis fait connaître à lui en lui montrant les marques de ma dignité : il ne peut prétendre cause d'ignorance. — En même temps il fit couler l'anneau d'un bout du bâton à l'autre, forme usitée pour protester contre une rébellion à justice.

Le bon Hector, plus accoutumé à l'artillerie du champ de bataille qu'à celle de l'arène des lois, vit cette cérémonie mystérieuse avec la plus grande indifférence.

---

(1) *Messenger at arms*, synonyme d'huissier en Écosse, parce que dans l'origine ces fonctionnaires avaient une sorte de caractère militaire, d'où ils s'appellent encore les officiers de la loi. Voyez le tom. Ier de *Waverley*, pag. 166. — Éd.

L'ANTIQUAIRE.

Mais en ce moment, et fort à propos pour empêcher le montagnard à tête chaude, quoique bien intentionné, d'encourir les peines prononcées en pareil cas par les lois, notre antiquaire arriva suant et soufflant, son mouchoir sous son chapeau, et sa perruque sur la pomme de sa canne.

— De quoi diable s'agit-il donc ici ? demanda-t-il en s'essuyant la tête et en remettant sa perruque. Je craignais, en vous suivant, de trouver votre tête creuse brisée contre quelque rocher, et vous voilà sans votre bucéphale, vous querellant avec Sweep-Clean! Apprenez, Hector, qu'un huissier est un ennemi plus dangereux qu'un *phoca*, que ce soit un *phoca barbata*, ou un *phoca vitulina* comme celui de votre dernière bataille.

— Au diable le *phoca!* monsieur, s'écria Hector, qu'il soit barbu ou non; au diable tous les *phocas* de l'univers! Je présume que vous ne voudriez pas que je visse de sang-froid ce drôle insulter une jeune dame comme miss Wardour, parce qu'il se dit messager du roi. Sur mon ame ! je me flatte que le roi a, pour faire exécuter ses ordres, des gens qui valent mieux que cet homme.

— Très-sagement argumenté, Hector; mais le roi a quelquefois à faire exécuter des ordres de bas aloi, et je vous dirai à l'oreille qu'il lui faut pour cela des coquins de cette espèce. En supposant que vous ne connaissiez pas les statuts de Guillaume-le-Lion, où le crime de résistance à l'exécution des ordonnances de justice est défini, *capite quarto, versu quinto, despectus domini regis*, c'est-à-dire mépris du seigneur roi, au nom duquel se font toutes les poursuites judiciaires, vous auriez pu conclure des détails que j'ai pris tant de peine à vous expliquer ce matin, que ceux qui s'opposent à l'exécution d'un mandat d'arrêt dont est porteur un officier de justice, sont *tanquàm participes criminis rebellionis* (1), attendu que le fauteur d'un rebelle est lui-même, *quodam modo*, complice de la rébellion. Mais je vous tirerai d'embarras.

Il parla alors au messager d'armes, qui, en le voyant arriver, avait perdu l'espérance de tirer bon parti d'un procès-verbal de rébellion, et il se contenta de l'assurance que lui donna M. Oldbuck que le cheval et la charrette seraient de retour au château dans le délai de deux ou trois heures.

— Fort bien ! M. Sweep-Clean, dit l'antiquaire, et puisque vous montrez tant de civilité, vous allez avoir une autre aubaine; une affaire d'état; un crime punissable *per legem Juliam*. Écoutez-moi un instant.

Après lui avoir parlé à voix basse cinq à six minutes, il lui remit un papier, et l'huissier, montant à cheval, partit sur-le-champ suivi d'un de ses recors. Celui qui restait continua ses opérations, mais il y mit cette lenteur circonspecte qui faisait voir qu'il se sentait surveillé par un juge aussi sévère qu'habile.

Cependant Oldbuck, prenant son neveu par le bras, le fit entrer avec lui dans la maison. Ils furent introduits dans un appartement où sir Arthur, se promenant en long et en large, dans un désordre complet, agité par l'amour-propre blessé et par les craintes les plus vives, et épuisé par ses efforts pour cacher ses véritables sentimens sous un air d'indifférence, offrait un spectacle qui ne pouvait manquer d'inspirer une compassion pénible.

(1) Comme complices du crime de rébellion. — TR.

— Charmé de vous voir, M. Oldbuck, et vous aussi, capitaine; je suis toujours charmé de voir mes amis, n'importe que le temps soit au beau ou à la pluie, dit le pauvre baronnet, cherchant à montrer non du calme, mais de la gaieté, affectation qui était démentie par ses regards, et par une émotion visible. Je suis charmé de vous voir, dis-je. Vous êtes venus à cheval, à ce que je vois? J'espère que dans la confusion qui règne ici on aura eu soin de vos montures. J'ai toujours tenu à ce qu'on eût soin des chevaux de mes amis. Parbleu! on en aura tout le temps désormais, car vous voyez qu'on se dispose à ne pas me laisser un des miens. Hé! hé! hé!

Cette tentative de plaisanterie fut suivie d'un rire forcé que le pauvre sir Arthur aurait voulu donner pour un sourire naturel.

— Vous savez, sir Arthur, que jamais je ne monte à cheval, dit Oldbuck.

— C'est vrai, je vous demande pardon. Mais je suis sûr d'avoir vu le capitaine arriver à cheval il n'y a pas long-temps. Un superbe cheval gris. Un vrai cheval de bataille. Il faut que je sache si on en a eu soin.

Il allait tirer le cordon de la sonnette quand l'antiquaire lui dit : — Mon neveu est venu sur votre cheval gris, sir Arthur.

— En vérité! s'écria le pauvre baronnet. Le soleil me donnait donc dans les yeux? Eh bien! je ne mérite plus d'avoir un cheval, puisque je ne reconnais pas le mien quand je le vois.

— Juste ciel! pensa Oldbuck, comme cet homme est changé! qu'est devenue sa gravité cérémonieuse? L'adversité lui inspire des plaisanteries! *Sed pereunti mille*

14.

figuræ (1). Sir Arthur, il faut pourtant que nous parlions un peu d'affaires.

— Sans doute, sans doute; mais c'est qu'il est si plaisant que je n'aie pas reconnu le cheval qui me sert depuis plus de cinq ans! ah! ah! ah!

— Ne perdons pas un temps précieux, sir Arthur. J'espère que nous trouverons des momens plus convenables pour plaisanter. *Desipere in loco* (2) est une maxime d'Horace. Je soupçonne, je fais plus que soupçonner que toute cette affaire est occasionée par la scélératesse de Dousterswivel.

— Ne prononcez pas ce nom, monsieur! s'écria sir Arthur; et il se fit une révolution subite dans toute sa physionomie. Une fureur bien franche succéda à l'affectation de la gaieté; ses yeux étincelaient, sa bouche écumait, ses poings étaient serrés. — Ne prononcez pas ce nom, répéta-t-il avec violence, à moins que vous ne vouliez me voir perdre la raison. Faut-il que j'aie été assez sot, assez crédule, assez idiot, assez bête, et trois fois doué de la stupidité d'une bête, pour me laisser brider, bâter, sangler par un tel coquin, et sous des prétextes si ridicules! M. Oldbuck, je me déchirerais de mes propres mains, quand j'y pense!

— Je voulais seulement vous dire, sir Arthur, que le misérable sera probablement récompensé comme il le mérite; et je me flatte que la crainte tirera de lui des aveux qui pourront vous être utiles. Il me paraît certain qu'il a eu des correspondances illégales de l'autre côté de l'eau.

(1) Mille fantômes assiègent le mourant. Tr.
(2) Cesser parfois d'être sage. — Tr.

— Bien vrai ! bien sûr ! En ce cas, au diable mon mobilier, mes chevaux, tous mes biens; j'irai en prison sans regret, M. Oldbuck. J'espère qu'il y aura de quoi le faire pendre.

— Je le pense ainsi, dit Oldbuck voulant encourager cette diversion, dans l'espoir de distraire le malheureux baronnet des sensations qui semblaient menacer de causer le naufrage total de sa raison; — de plus honnêtes gens que lui ont figuré au bout d'une corde. Mais parlons donc de votre malheureuse affaire : ne peut-on rien faire pour vous? Montrez-moi la sommation qui vous a été faite.

Sir Arthur lui remit cette pièce. L'antiquaire en commença la lecture, et de plus en plus son front devenait soucieux, et annonçait la consternation. Miss Wardour entra en ce moment, et fixant les yeux sur M. Oldbuck comme si elle se fût attendue à lire sur son visage l'arrêt du destin, elle y aperçut aisément qu'elle n'avait rien à espérer.

— Nous sommes donc ruinés sans ressource, M. Oldbuck? lui dit-elle.

— Sans ressource, miss Wardour? j'espère le contraire, mais la demande est considérable, et je crains que d'autres ne la suivent.

— N'en doutez pas, dit sir Arthur; partout où il se trouve une proie, les vautours se rassemblent : je suis comme un de ces moutons que j'ai vus tomber dans un précipice ou se laisser aller de maladie; pas un corbeau n'aurait paru en cet endroit depuis quinze jours; au bout de dix minutes il y en a déjà une douzaine qui lui arrachent les yeux et qui lui déchirent les entrailles, avant qu'il ait le temps de mourir : mais quant au maudit vautour qui m'a rongé si long-temps, vous lui avez procuré un bon logement, j'espère?

— Je m'en flatte, répondit l'antiquaire en se frottant les mains; il avait voulu prendre l'essor ce matin, et avait commencé par s'enfermer dans *la Reine Charlotte*; mais il aurait trouvé à Édimbourg de la glu qui ne lui aurait pas permis de déployer ses ailes. Il n'a pourtant pas été si loin, car la voiture a versé; et comment aurait-elle pu arriver à bon port avec un oiseau de si mauvais augure? On dit qu'il a été blessé : est-ce grièvement, je l'ignore; mais le fait est qu'on l'a transporté dans une chaumière près de Kittlebrig, et, pour lui ôter toute possibilité d'évasion, j'ai fait partir votre ami Sweep-Clean, que j'ai chargé de le reconduire à Fairport *in nomine regis* (1), ou de s'établir près de lui en garde-malade, suivant l'exigence du cas. Maintenant, sir Arthur, accordez-moi une conversation sérieuse sur l'état actuel de vos affaires, afin que je puisse voir ce qu'il est possible de faire pour les arranger. — Et à ces mots M. Oldbuck se leva, et prit le chemin de la bibliothèque, suivi de sir Arthur.

Ils y étaient en conférence depuis près de deux heures quand miss Wardour vint les interrompre; elle avait mis son chapeau et son schall comme si elle se disposait à sortir. Elle était pâle, mais elle avait cet air de calme et de résignation qui lui était naturel.

— Le messager d'armes est de retour, M. Oldbuck, dit-elle en entrant.

— Comment diable! j'espère qu'il n'a pas laissé échapper le drôle?

---

(1) Au nom du roi. — Tr.

— On dit qu'il l'a conduit en prison, et maintenant il demande mon père, et dit qu'il ne peut attendre plus long-temps.

En ce moment on entendit sur l'escalier le bruit d'une altercation, et la voix d'Hector se faisait entendre par-dessus toutes les autres : —Vous, un officier ? s'écriait-il ; ces misérables, un détachement ! vous n'êtes qu'une bande de méprisables bandits (1).

On entendit le ministre de la justice murmurer indistinctement une réponse à laquelle Hector répliqua très-intelligiblement : — Cela est inutile, monsieur ; faites sortir par la porte vos gens, comme vous les appelez, et dépêchez-vous de les suivre, ou je vous ferai déguerpir ainsi qu'eux par les fenêtres.

— Au diable soit Hector ! s'écria l'antiquaire en courant vers le lieu où se passait cette scène ; voilà encore le sang montagnard qui bout dans ses veines : nous aurons un duel avec l'huissier. Allons, M. Sweep-Clean, allons, il faut avoir un peu de patience ; je suis certain que vous avez dessein d'user de bons procédés envers sir Arthur.

—Sans contredit, monsieur, répondit l'huissier en ôtant son chapeau, qu'il avait enfoncé sur ses yeux pour prouver que les menaces du capitaine ne l'intimidaient pas ; mais votre neveu, monsieur, me tient des propos fort incivils, et je les ai soufferts trop long-temps. D'ailleurs, d'après les instructions qui m'ont été données, je dois emmener mon prisonnier à Fairport, à moins qu'il

(1) Le titre d'*officier* que prennent les huissiers, indigne le capitaine comme une usurpation. Voyez notre note sur le mot *messager d'armes*, page 158. — Éᴅ.

ne paie entre mes mains les sommes mentionnées au mandat dont je suis porteur. — Et tenant d'une main la pièce fatale, il y fit voir avec son bâton d'office la redoutable armée de chiffres en rangs alignés.

Hector garda le silence par respect pour son oncle, mais il répondit au geste de l'huissier en allongeant vers lui son poing fermé, et en fronçant le sourcil avec l'air menaçant d'un montagnard.

—Paix! monsieur, lui dit Oldbuck; tenez-vous en repos, jeune insensé, et suivez-moi. — Et le faisant rentrer dans l'appartement : Cet homme ne fait que son métier, quelque vil qu'il soit, ajouta-t-il, et votre violence ne peut servir qu'à aggraver la situation des choses. Sir Arthur, je crois qu'il est indispensable que vous accompagniez cet homme à Fairport; je ne vois en ce moment aucun moyen de l'éviter : je vous y suivrai, afin de nous concerter sur ce qu'il peut y avoir à faire. Mon neveu conduira miss Wardour à Monkbarns, où j'espère qu'elle voudra bien fixer sa résidence jusqu'à ce que cette affaire désagréable soit arrangée.

— Je ne quitterai pas mon père, M. Oldbuck; j'ai préparé tout ce qui nous est nécessaire. J'espère qu'il nous sera permis de nous servir de la voiture?

— J'aurai pour vous, madame, tous les égards convenables, dit l'huissier; j'ai fait mettre les chevaux, et le carrosse est à la porte. Je monterai sur le siège avec le cocher; je sens que ma compagnie pourrait ne pas vous être agréable, et deux de mes recors monteront à cheval pour nous suivre.

— Et j'en ferai autant, dit Hector. — Et il descendit se faire préparer un cheval.

— Il faut donc partir! dit l'antiquaire.

— Pour la prison, ajouta le baronnet en laissant involontairement échapper un soupir. Et qu'importe? ajouta-t-il avec un air de gaieté évidemment affecté; qu'est-ce qu'une prison après tout? une maison dont on ne peut sortir. Supposez un accès de goutte, je serais en prison à Knockwinnock. Oui, Oldbuck, nous appellerons cela un accès de goutte, et il sera exempt des douleurs qui l'accompagnent ordinairement.

Des larmes coulaient de ses yeux tandis qu'il parlait ainsi, et sa voix tremblante prouvait combien cette gaieté affectée lui coûtait. L'antiquaire lui serra la main, et comme les banians indiens, qui, en paraissant causer de choses indifférentes, règlent par des signes secrets les conditions d'un marché important, la main de sir Arthur, par son étreinte, témoigna à son ami toute sa reconnaissance, et lui fit connaître le véritable état de son ame. Ils descendirent à pas lents le grand escalier; aux yeux du père et de la fille, chaque objet semblait prendre un aspect plus distinct que de coutume, comme pour s'en faire remarquer pour la dernière fois.

Sir Arthur s'arrêta sur le premier palier, comme s'il n'eût pu se résoudre à quitter le séjour de ses ancêtres; et, comme il vit l'antiquaire le regarder avec une sorte d'inquiétude, il lui dit en prenant un air de dignité : — Oui, M. Oldbuck, le descendant d'une ancienne famille, le représentant de Richard Main-Sanglante et de Gamelyn de Guardover, mérite quelque indulgence, s'il ne peut s'empêcher de soupirer en quittant le château de ses pères sous une semblable escorte. Quand je fus envoyé à la tour de Londres avec feu mon père en 1745, M. Oldbuck, ce fut sur une accusation digne de notre naissance, une accusation de haute trahison. Le mandat d'arrêt était signé par un secrétaire d'état, et nous fûmes conduits à la tour par une escouade des gardes-du-corps; et aujourd'hui, dans ma vieillesse, vous me voyez entraîné hors de chez moi par une créature comme cet homme (montrant le messager d'armes), pour une misérable affaire de livres, de shillings et de pences.

— Mais du moins, répondit Oldbuck, vous avez aujourd'hui la compagnie d'une tendre fille et d'un ami sincère, si vous me permettez de prendre ce titre; et ce peut être une consolation, sans parler de ce qu'il ne peut y avoir dans cette affaire ni pendaison, ni décapitation, ni écartèlement. Allons! j'entends encore mon enragé montagnard! il crie plus haut que jamais! fasse le ciel qu'il ne se soit pas encore fait quelque nouvelle querelle! Maudit soit le hasard qui l'a amené ici!

Dans le fait, un bruit sourd et confus, dans lequel la voix d'Hector se faisait entendre par-dessus toutes les autres, interrompit la conversation. On verra dans le chapitre prochain ce qui l'occasionait.

CHAPITRE XLIII.

« La Fortune d'ici s'éloigne, dites-vous ?
» Non vraiment; elle trace un cercle autour de nous.
» Tel autour du chasseur on voit l'oiseau timide,
» Pour éviter ses coups, tourner d'un vol rapide,
» Disparaître un instant, se remontrer soudain,
» Et finir par tomber sous le plomb assassin. »

Anonyme.

Le cri de triomphe d'Hector était aussi bruyant que son cri de guerre, et il n'était pas facile de distinguer l'un de l'autre. Mais quand, en montant l'escalier précipitamment, un paquet à la main, on l'entendit crier : — Vive le vieux soldat! voici Edie qui arrive avec de bonnes nouvelles! — on ne put douter que la cause de ce nouveau tumulte ne fût d'une nature favorable. Il remit le paquet à Oldbuck, serra fortement la main de sir Arthur, dit à miss Wardour de se livrer à la joie, et montra dans ses félicitations toute la franchise d'un montagnard.

L'huissier, qui ne regardait Mac-Intyre qu'avec un instinct de terreur, se rapprocha de son prisonnier, en suivant des yeux avec prudence tous les mouvemens du jeune capitaine.

— Vous imaginez-vous que je me donne la peine de songer à vous, misérable? dit l'homme d'épée à l'homme de plume. Tenez, voici une guinée pour la frayeur que je vous ai faite. Mais voici un vieux soldat du 42e régiment qui va vous faire déguerpir plus promptement que je ne l'ai fait.

Le messager d'armes, un de ces chiens à qui tout os est bon à ronger (1), ramassa la guinée qu'Hector lui avait jetée à la figure, et garda un silence circonspect, voulant voir la tournure que les affaires allaient prendre. Cependant chacun faisait des questions, et personne ne semblait pressé d'y répondre.

— De quoi s'agit-il, capitaine? dit sir Arthur.

— Demandez-le à Edie, répondit Hector; je sais seulement que tout va bien.

— Que veut dire ceci, Edie? demanda miss Wardour au mendiant.

— M. Monkbarns peut vous le dire, répondit-il; vous voyez bien, miss Wardour, qu'il a en main toutes les paperasses.

— *God save the king* (2)! s'écria l'antiquaire après avoir jeté un coup d'œil sur les papiers. — Et la joie l'emportant sur le décorum, la philosophie et le flegme qui lui était habituel, il jeta en l'air son chapeau, qui en retombant s'accrocha à la branche d'un lustre. Son enthou-

(1) Le texte dit un de ces chiens qui ne trouvent aucun pouding trop sale. — Éd.

(2) Dieu sauve le roi! Vive le roi! — Tr.

L'ANTIQUAIRE. 171

siasme ne se refroidissant pas, il porta la main à sa perruque, qui aurait probablement suivi le castor si Edie ne lui eût arrêté le bras en s'écriant : — Eh, mon Dieu! est-ce qu'il perd l'esprit? M. Monkbarns, songez donc que Caxon n'est pas ici pour réparer le dommage.

Chacun assaillit alors l'antiquaire; chacun demanda à grands cris à connaître la cause d'un transport si soudain. Mais Oldbuck, un peu honteux d'avoir ainsi dérogé au sang-froid philosophique, baissa l'oreille comme un renard qui entend aboyer toute une meute, et monta deux à deux les marches de l'escalier. Il s'arrêta pourtant au second palier, et, se retournant, s'adressa en ces termes à ses auditeurs surpris :

— Mes bons amis, *favete linguis* (1), ne m'accablez pas de questions. Pour vous donner des détails, il faut d'abord, d'après tous les principes de la logique, que je les connaisse moi-même. Je vais donc, avec votre permission, me retirer dans la bibliothèque pour examiner ces papiers. Sir Arthur et miss Wardour auront la bonté d'entrer dans le salon. M. Sweep-Clean, *supersede paulisper* (2), ou, pour vous parler votre propre langage, accordez-nous un sursis d'exécution de cinq minutes. Hector, enclouez votre artillerie, ou allez faire feu ailleurs. Enfin, soyez tous en bonne humeur jusqu'à mon retour, qui aura lieu *instanter*.

Dans le fait, les nouvelles que contenait le paquet remis à l'antiquaire étaient si inattendues, qu'on pouvait lui pardonner d'abord son extase, et ensuite son désir de ne les communiquer au reste de la compagnie qu'après les avoir bien étudiées lui-même.

(1) Faites silence. — Tr.
(2) Attendez un peu. — Tr.

Sous l'enveloppe était une lettre adressée à Jonathan Oldbuck de Monkbarns, écuyer, et elle contenait ce qui suit.

« Mon cher monsieur,

« Retenu en cette ville par des devoirs militaires très-importans, c'est à vous, comme à l'ami éprouvé de mon père, que je prends la liberté de m'adresser. Vous devez à présent connaître l'état embarrassé de nos affaires, et je sais que vous apprendrez avec grand plaisir que, grace à des circonstances aussi heureuses qu'inattendues, je me trouve en état de prendre des mesures efficaces pour les arranger. J'ai appris que mon père est menacé des poursuites les plus rigoureuses par des gens qui ont été autrefois ses agens. D'après l'avis, et par le moyen d'un des meilleurs avocats d'Édimbourg, j'ai obtenu l'arrêt de défense ci-joint, d'après lequel il m'assure que toutes mesures de rigueur seront arrêtées jusqu'à ce que la créance réclamée ait été judiciairement examinée et réduite. Je vous envoie aussi mille livres sterling en billets de banque, pour payer les autres objets les plus pressans : et je réclame de votre amitié d'employer cette somme comme vous le jugerez convenable. Vous serez sans doute surpris que je vous donne cet embarras, quand il aurait été si naturel de m'adresser à mon père, puisqu'il s'agit de ses propres affaires. Mais je ne suis pas assuré qu'il ait encore ouvert les yeux sur le caractère d'un homme que vous avez inutilement cherché plusieurs fois à démasquer, comme j'en suis instruit, et dont la funeste influence a été la cause de tous nos malheurs. Comme je dois à la générosité d'un ami sans égal les moyens de venir au secours de mon père, il est de mon devoir de prendre les mesures les plus sûres pour que cette somme ne soit employée qu'à l'usage auquel elle est destinée; et je sais que votre prudence, et votre amitié pour nous, y veilleront. Mon ami, qui a déjà le plaisir de vous connaître, vous explique ses vues dans une lettre que vous trouverez ci-jointe. Le bureau de la poste aux lettres de Fairport passant pour n'être pas sûr, je prends le parti d'envoyer ce paquet à Tannonburgh; mais le bon vieillard Ochiltrie, en qui des circonstances particulières m'ont prouvé qu'on peut avoir toute confiance, sait quand il doit y arriver, et aura soin de vous le transmettre. J'espère trouver très-incessamment l'occasion de vous faire personnellement mes excuses de tout l'embarras que je vous donne, et j'ai l'honneur d'être,

» Mon cher monsieur,

» Votre très-affectionné serviteur,

» REGINALD GAMELYN WARDOUR. »

Édimbourg, le 6 août 179...

L'antiquaire ouvrit à la hâte la lettre que lui écrivait l'ami de Reginald, et ce qu'il y lut lui causa autant de surprise que de plaisir. Quand il eut repris un peu de calme, après des nouvelles si peu attendues, il examina avec soin les autres pièces, mit les billets de banque dans son porte-feuille, et en écrivit un accusé de réception pour l'envoyer le même jour par la poste, car en affaires d'argent il était aussi exact que méthodique. Enfin, avec l'air d'importance d'un homme qui a d'excellentes nouvelles à annoncer, il se rendit dans le salon.

— Sweep-Clean, dit-il en entrant à l'huissier, qui se tenait modestement près de la porte, tout ce qui vous reste à faire ici maintenant, c'est de vous balayer (1) vous-même bien vite du château, avec vos recors et toute votre séquelle. Voyez-vous ce papier?

— Un arrêt de défense! dit l'huissier, la figure allongée: je me doutais bien qu'on ne laiserait pas pousser les choses à l'extrémité contre un homme comme sir Arthur. Eh bien! M. Oldbuck, je vais partir avec mes gens; mais qui me paiera mes frais?

— Ceux qui vous ont mis en œuvre, comme vous le savez fort bien. Mais voici un autre exprès qui arrive. Il me paraît que c'est le jour des nouvelles.

C'était M. Mailsetter, monté sur la jument, apportant deux lettres qu'il avait reçu ordre, dit-il, de faire remettre à l'instant de leur arrivée. L'une était pour sir Arthur, et l'autre pour l'huissier. — Greenhorn et Grinderson, dit celui-ci après avoir lu la sienne, sont bons pour me payer mes frais; et voici une lettre par laquelle ils m'ordonnent de cesser toutes poursuites. — En conséquence, il sortit sur-le-champ du salon, ne resta au château que le temps nécessaire pour réunir sa brigade, et fit sa retraite au pas de charge, comme le dit Hector, qui le vit partir du même œil qu'un chien de bassecour regarde le mendiant qui s'éloigne après qu'on lui a refusé la charité.

La lettre pour sir Arthur était de M. Greenhorn, et c'était une curiosité dans son genre. Nous la donnerons enrichie des commentaires du digne baronnet.

« Monsieur..... » — (Ah! ah! je ne suis plus *mon cher*

---

(1) M. Oldbuck joue sur le verbe *to sweep*, balayer. — Éd.

monsieur. Les braves MM. Greenhorn et Grinderson ! on ne leur est cher que lorsqu'on est dans l'adversité.) « Monsieur, j'ai appris avec beaucoup de regret, à mon retour de la campagne, où j'avais été pour affaire urgente..... » (Affaire urgente ! aux courses de Lamberton !) « que mon associé avait été assez inconséquent pour se charger des intérêts de M. Goldiebird de préférence aux vôtres, et qu'il vous avait écrit d'une manière peu convenable. Je vous prie d'en agréer mes très-humbles excuses, aussi-bien que celles de M. Grinderson..... » (Eh ! je vois qu'il sait aussi écrire pour lui et pour son associé.) « Je me flatte qu'il est impossible que vous me regardiez comme assez ingrat pour avoir perdu le souvenir des bontés que vous n'avez jamais cessé d'avoir pour ma famille... » (Sa famille ! la famille de M. Greenhorn ! le fat !) « D'après une entrevue que j'ai eue ce matin avec M. Reginald Wardour, j'ai reconnu avec beaucoup de peine qu'il est fort irrité, et je dois convenir que les apparences lui donnent raison de l'être. Mais pour remédier, autant qu'il est en moi, à la méprise dont il se plaint, » — (Jolie méprise, en vérité ! claquemurer son bienfaiteur dans une prison !) « j'envoie, par ce courrier, ordre de cesser toutes poursuites contre vous, et je vous réitère mes excuses respectueuses. J'ai seulement à ajouter que, si vous nous rendez votre confiance, M. Grinderson pense qu'il peut vous suggérer des moyens pour faire réduire considérablement les prétentions de M. Goldiebird. » (Fort bien ! d'un côté ou de l'autre, il faut qu'il joue le rôle de coquin.) « Et vous n'avez pas besoin de vous presser le moins du monde pour solder la balance de notre compte. Je suis, pour M. Grinderson comme pour moi-même, mon cher monsieur, » (Ah ! il prend un ton plus familier en finissant.) « votre très-obligé et très-humble serviteur,

« Gilbert Greenhorn »

— Fort bien, M. Gilbert Greenhorn, dit M. Oldbuck; je vois qu'une association entre deux procureurs n'est pas inutile. Ils agissent comme les deux marmousets mâle et femelle qu'on voit dans les baromètres hollandais. Si le temps est beau, l'un des deux associés vient flatter le client; s'il est à la pluie, l'autre sort de sa niche comme un chien enragé. Grace au ciel, mon homme d'affaires porte encore un chapeau retroussé en triangle équilatéral, il demeure dans la vieille ville, n'est pas meilleur cavalier que moi, joue le samedi soir au jeu de l'oie, va le dimanche à l'église, et, attendu qu'il n'a pas d'associé, n'est responsable que de ses sottises.

— Il y a quelques procureurs honnêtes, dit Hector. Je voudrais bien entendre quelqu'un dire que mon cousin Donald Mac-Intyre de Strathtudlem, dont les six frères sont à l'armée, n'est pas un honnête garçon, quoique procureur.

— Sans doute, sans doute, Hector; tous les Mac-Intyres sont honnêtes; ils ont un brevet d'honnêteté; mais, dans une profession où une confiance sans bornes est exigée, il n'est pas surprenant qu'il se trouve des fous qui négligent les intérêts de leurs cliens par paresse ou inadvertance, et des coquins qui ne songent qu'à tirer parti de tout pour en faire leur profit. Il n'en est que plus honorable pour ceux qui, comme j'en connais plusieurs, unissent l'intégrité à la science et à l'exactitude, et qui marchent d'un pas ferme et assuré dans un chemin où s'offrent à chaque pas des rocs et des précipices. C'est à de pareils hommes que leurs concitoyens peuvent confier sans crainte le soin de défendre leurs droits, leurs intérêts, leurs propriétés; ce sont eux que le pays peut charger en toute sûreté de veiller à la conservation de ses lois et de ses privilèges.

— Et malgré tout cela, heureux qui n'a pas besoin d'eux, dit Ochiltrie en avançant la tête dans le salon, de la porte où il se tenait par respect; car la confusion régnait encore dans le château, et, semblables aux vagues, dont l'agitation subsiste encore quelque temps après la tempête, les domestiques erraient çà et là, cherchant à savoir où en étaient les choses.

— Ah! ah! mon vieux sou marqué, te voilà donc? dit l'antiquaire. Sir Arthur, permettez-moi de vous présenter le porteur de bonnes nouvelles, quoique ce ne soit qu'un messager boiteux. Vous nous parliez, il n'y a pas bien long-temps, des corbeaux qui sentent de bien loin une proie; mais voici un pigeon bleu, un peu vieux et un peu dur, j'en conviens, qui a flairé les bonnes nouvelles à une distance de six à sept milles, qui est allé les chercher sur le charton, et qui a rapporté la branche d'olivier.

— Nous en sommes redevables au pauvre Robert, qui m'a mené grand train, dit Ochiltrie; et il craint bien d'avoir encouru la disgrace de sir Arthur et de miss Wardour.

Et l'on vit en ce moment paraître au-dessus de l'épaule du mendiant la figure de Robert, avec un air contrit et repentant.

— Ma disgrace! dit sir Arthur; et pourquoi? car il avait oublié depuis long-temps le mouvement d'irritation que lui avait occasioné la rôtie brûlée. Ah! je me souviens, Robert; j'avais de l'humeur, mais vous avez eu tort. Allez à votre ouvrage, et ne répondez jamais insolemment à un maître qui est en colère.

— Ni à qui que ce soit, ajouta M. Oldbuck. Souvenez-vous que la douceur désarme la colère.

— Et dites à votre mère, qui souffre tant d'un rhumatisme, dit miss Wardour, de venir trouver demain la femme de charge, et nous verrons si l'on peut faire quelque chose pour la soulager.

— Que Dieu vous récompense, miss Wardour, dit Robert, ainsi que Son Honneur sir Arthur, et le jeune laird, et toutes les branches de la maison de Knockwinnock, même les plus éloignées. Il y a bien des siècles que votre famille fait du bien aux pauvres des environs.

— Vous le voyez, dit l'antiquaire à sir Arthur, nous ne devons pas disputer aujourd'hui; mais il est constant que la reconnaissance publique prend pour objet les vertus civiles de vos ancêtres; vous n'entendrez pas une voix parmi le peuple vous citer le nom de Main-Sanglante ou de l'Enfer-en-Armes. Quant à moi, je dois dire :

« *Odimus accipitrem quia semper vivit in armis.* (1) »

Ainsi donc, sire chevalier, buvons, mangeons en paix, et soyons joyeux.

Le dîner fut servi, on se mit à table, et, à la requête

(1) Je hais l'autour qui passe sa vie dans les combats. — Tr.

d'Oldbuck, on fit asseoir Edie Ochiltrie dans un grand fauteuil de cuir près du buffet, où l'on plaça devant lui une petite table.

— J'y consens d'autant plus volontiers dit sir Arthur, que je me souviens d'avoir vu, du temps de mon père, ce fauteuil occupé par Ailshie Gourlay, qui, à ce que je crois, fut le dernier fou ou bouffon de profession entretenu dans une famille de distinction en Écosse.

— Eh bien ! sir Arthur, dit Ochiltrie qui aurait sacrifié tous ses amis à un sarcasme, on voit quelquefois un sage dans le fauteuil d'un fou, et bien des fous tiennent la place des sages, surtout dans les familles de distinction.

Miss Wardour, craignant l'effet de ce propos sur les nerfs de son père, quoiqu'il fût digne d'Ailshie Gourlay ou de tout autre fou privilégié, se hâta de demander à son père si l'on ne ferait pas une distribution de viande et de bière aux villageois qui s'étaient assemblés à la porte du château pour apprendre les nouvelles.

— Sans doute, ma chère amie, répondit le baronnet. Quand donc en a-t-on agi autrement dans la famille après la levée d'un siège ?

— Oui, dit Oldbuck, un siège mis par l'huissier Sweep-Clean, et qu'a fait lever le mendiant Edie Ochiltrie, *par nobile fratrum* (1) ! mais dont le dernier n'est sûrement pas le moins respectable. Au surplus, sir Arthur, ce sont là les sièges et les levées de siège qu'admet le siècle dans lequel nous vivons. Notre délivrance n'en mérite pas moins d'être célébrée en buvant un verre de cet

---

(1) Couple illustre de frères ! — Tr.

excellent vin. Sur mon honneur, je crois que c'est du bourgogne!

— S'il y en avait de meilleur dans la cave, dit miss Wardour, nous vous en offririons, après les preuves d'amitié que vous venez de nous donner.

— Est-ce ainsi que vous parlez? répliqua l'antiquaire; eh bien! ma belle ennemie, à votre santé, et puissiez-vous bientôt être assiégée comme les jeunes filles aiment à l'être, et signer une capitulation dans la chapelle de Saint-Vinnox.

Isabelle rougit, Hector rougit comme elle, et puis perdit toutes ses couleurs.

— Ma fille vous est fort obligée, Oldbuck, dit sir Arthur; mais qui voulez-vous qui recherche l'alliance d'un baronnet ruiné, dans ce siècle mercenaire, à moins que vous ne vous mettiez vous-même sur les rangs?

— Moi! sir Arthur, moi! non, non. Mais j'userai d'un ancien privilège; et, ne pouvant paraître moi-même en champ clos, je ferai choix d'un champion pour m'y représenter. Mais nous reviendrons sur ce sujet.

— Que trouvez-vous donc de si intéressant dans ce journal, Hector? Vous semblez comme enterré dans cette lecture?

— Je n'y vois rien qui puisse vous intéresser, mon oncle; mais, comme mon bras est presque guéri, je crois que je vous débarrasserai de ma personne dans un jour ou deux, pour aller à Édimbourg. Je vois que le major Neville y est arrivé, et je serai charmé de le voir.

— Le major qui?

— Le major Neville.

— Et qui diable est le major Neville.

— Comment, M. Oldbuck, dit sir Arthur, n'avez-vous pas vu mainte et mainte fois le nom du major Neville dans la gazette? C'est un jeune officier plein de mérite, et qui s'est déjà distingué dans bien des occasions. Mais je suis charmé de pouvoir dire au capitaine qu'il n'a pas besoin de quitter Monkbarns pour le voir, car mon fils m'a écrit qu'il doit l'amener incessamment à Knockwinnock, et je n'ai pas besoin d'ajouter combien je serai charmé de faire faire sa connaissance à M. Mac-Intyre, à moins qu'il ne le connaisse déjà.

— Je ne l'ai jamais vu, répondit Hector; mais j'en ai beaucoup entendu parler, et nous avons plusieurs amis communs. Votre fils en est un. Mais il faut que je parte, car je crois que mon oncle commence à se lasser de ma compagnie, et je crains...

— De vous lasser de la sienne, dit Oldbuck; n'est-il pas vrai? Je crois bien que cela est déjà arrivé. Mais vous avez donc oublié que nous touchons au fameux 12 août, et que vous avez projeté pour ce jour-là une grande partie sur les domaines de lord Glenallan? Dieu sait pourquoi! Pour persécuter des créatures innocentes et paisibles.

— Vous avez raison, mon oncle, s'écria vivement Hector, je l'avais oublié. Mais vous avez dit tout à l'heure quelque chose qui a fait sortir de ma tête toute autre idée.

— Et s'il plaît à Vos Honneurs de me permettre de parler, dit Edie qu'on avait amplement régalé à sa petite table, je puis vous dire une nouvelle qui retiendra le capitaine ici tout aussi-bien que le plaisir de tirer sa poudre aux moineaux. N'avez-vous pas entendu dire que les Français vont faire une descente?

— Les Français ! vieux fou ! s'écria Oldbuck ; allons donc !

— Je n'ai pas eu le temps, dit sir Arthur, de lire avec attention ma correspondance officielle la semaine dernière. Au fait, c'est une besogne que je remets en général au mercredi de chaque semaine, excepté dans les cas urgens, car je fais tout avec méthode. Mais, d'après un coup d'œil que j'ai jeté sur mes lettres, il m'a paru qu'on avait conçu quelques alarmes.

— Si l'on en a conçu ! dit Edie ; oui sans doute, et de sérieuses ; car le prévôt de Fairport a ordonné de préparer bien vite le bûcher de signal sur Halket-Head, ce qui aurait dû être fait il y a six mois ; et qui croyez-vous que le conseil de la ville ait choisi pour y veiller ? le vieux Caxon ! Il y a des gens qui prétendent que c'est par égard pour le licutenant Taffril ; car il paraît certain qu'il va épouser Jenny Caxon ; d'autres disent que c'est par honneur pour les trois perruques de la paroisse ; et quelques-uns assurent que c'est pour l'indemniser d'une perruque qu'il avait faite pour un des baillis, et dont il n'a jamais été payé. Quoi qu'il en soit, il est perché sur le haut du rocher comme une mouette, prêt à piailler quand l'orage grondera.

— Sur mon honneur, voilà un choix fort sage, dit Oldbuck. Et que deviendra ma perruque pendant ce temps-là ?

— C'est ce que j'ai demandé à Caxon, dit Ochiltrie ; et il m'a répondu qu'il pourrait y donner un coup de peigne tous les matins avant de se coucher, car il sera relevé de garde par un autre pendant le jour, et il prétend être en état de friser votre perruque en dormant, aussi bien qu'éveillé.

Cette nouvelle donna un autre cours à la conversation, qui roula sur la défense du pays, et sur le devoir imposé à chaque citoyen de combattre pour sa patrie. Enfin il se fit tard.

Alors l'antiquaire et son neveu reprirent le chemin de Monkbarns, après s'être séparés de sir Arthur et de sa fille avec les plus vifs témoignages d'affection mutuelle, et s'être promis de se revoir le plus tôt possible.

CHAPITRE XLIV.

    « Elle ne m'aime pas ! c'est un petit malheur :
    » Vous ne m'en verrez pas me pendre de douleur.
    » Croyez-vous qu'en vrai sot je gémisse et soupire,
    » Parce qu'à mon rival elle accorde un sourire ?
    » Non, non, de par le ciel ? »

Ancienne comédie.

— Hector, dit l'antiquaire à son neveu en retournant de Knockwinnock à Monkbarns, il y a des instans où je suis tenté de croire que sous un rapport vous êtes fou.

— Si vous ne le croyez que sous un rapport, mon oncle, vous me faites plus de grace que je ne m'y attendais et que je ne le mérite.

— Je veux dire sous un rapport par excellence. J'ai quelquefois pensé que vous aviez jetez les yeux sur miss Wardour.

— Eh bien, mon oncle?

— Eh bien, mon oncle! Au diable l'étourdi! il me répond comme si c'était la chose la plus sage du monde qu'un capitaine d'infanterie, qui n'a pour toute fortune que son épée, songe à épouser la fille d'un baronnet.

— J'ose croire, monsieur, que, quant à la famille, miss Wardour ne dérogerait point.

— Oh! à Dieu ne plaise que nous entamions un pareil sujet! Non, non. Vous êtes tous deux assez nobles pour pouvoir regarder avec mépris tous les *roturiers* d'Écosse.

— Et quant à la fortune, nous sommes encore de niveau, puisque nous n'en avons ni l'un ni l'autre. Il peut y avoir une erreur de ma part, mais je ne puis me reconnaître coupable de présomption.

— Eh bien, soit, Hector. Il y a erreur, et cette erreur consiste à croire que miss Wardour consente à vous prendre pour mari.

— En vérité, monsieur?

— C'est une chose sûre, et pour la rendre doublement sûre, je vous dirai qu'elle en aime un autre. Une fois elle a mal compris quelques paroles que je lui adressais, et depuis ce temps j'ai deviné le sens qu'elle y attachait. Je ne savais alors comment interpréter sa rougeur et son agitation, mais à présent j'y vois le signal de mort de toutes vos espérances et prétentions. Je vous conseille donc, mon pauvre Hector, de rassembler vos forces et de battre en retraite, car la citadelle a trop forte garnison pour que vous puissiez la prendre d'assaut.

— Je n'ai pas besoin de battre en retraite, monsieur, dit Hector en se redressant et en prenant un air de dignité offensée; on n'a pas de retraite à faire quand on ne s'est pas avancé. Il y a en Écosse d'autres femmes que miss Wardour, d'aussi bonne famille, et.....

— Et de meilleur goût. Sans contredit, Hector, il s'en trouve; et quoique je doive avouer que c'est une des jeunes filles les plus accomplies et les plus sensées que j'aie jamais vues, je crois qu'une grande partie de son mérite serait perdue pour vous. Il vous faudrait une femme d'une taille imposante, portant sur la tête deux plumes, l'une verte, l'autre bleue; vêtue en amazone, conduisant un jour un cabriolet, et assistant le lendemain à la revue, montée sur le coursier qui traînait la veille le phaéton. *Hoc erat in votis* (1). Telles sont les qualités qu'il faudrait pour vous subjuguer, en y joignant du goût pour l'histoire naturelle, et surtout pour les *phocas*.

— Il est bien dur, monsieur, qu'à tous propos vous me jetiez à la figure ce maudit *phoca*. Au surplus je m'en soucie fort peu, et je ne me livrerai pas au désespoir pour miss Wardour. Elle peut prendre pour mari qui lui plaira; je lui souhaite toute sorte de bonheur.

— Magnanime résolution, vaillant soutien de Troie! En vérité, Hector, je craignais une scène. Votre sœur m'avait dit que vous étiez amoureux fou de miss Wardour.

— Voudriez-vous, mon oncle, que je fusse amoureux d'une femme qui ne se soucie pas de moi?

— Mon neveu, dit l'antiquaire d'un ton plus sérieux, il y a beaucoup de bon sens dans ce que vous dites, mais j'aurais donné bien des choses, il y a vingt à vingt-cinq ans, pour être en état de penser comme vous.

(1) Tel était votre désir.— Tr.

— Je m'imagine que chacun peut penser comme bon lui semble sur un pareil sujet.

— Non pas d'après les principes de l'ancienne école, Hector; mais dans le cas présent ceux de la moderne me paraissent, comme je viens de vous le dire, les plus conformes à la prudence, quoiqu'il me semble qu'ils ne doivent pas exciter autant d'intérêt. Mais que pensez-vous de cette descente dont on parle tant et qu'on prétend si prochaine?

Hector, dévorant son dépit, qu'il désirait surtout cacher à son oncle qui y aurait trouvé un nouveau sujet de sarcasmes, se prêta volontiers à une conversation qui devait chasser du souvenir de l'antiquaire et miss Wardour et le veau marin; et quand ils furent arrivés à Monkbarns, ces deux sujets de discussion, si pénibles pour Hector, ne furent pas remis sur le tapis, car M. Oldbuck ne songea qu'à faire part à sa sœur et à sa nièce de tout ce qui venait de se passer au château, et celles-ci lui racontèrent en retour combien le dîner avait attendu long-temps avant qu'elles pussent se décider à se mettre à table sans lui.

Le lendemain l'antiquaire se leva de bonne heure, et, Caxon ne paraissant point, il commença à sentir le manque des petites nouvelles, des *on dit* de la ville, dont l'ex-perruquier était le fidèle rapporteur, et que l'habitude avait rendus aussi nécessaires à M. Oldbuck que sa prise de tabac, quoiqu'il prétendît n'y reconnaître que la même valeur. L'espèce de vide que cette privation lui faisait éprouver fut rempli par l'arrivée d'Ochiltrie, qui vint le joindre en enjambant par-dessus de petites haies de buis et d'ifs bien taillées, avec l'air d'un homme qui se trouvait aussi à l'aise que s'il eût été chez lui. Depuis un certain temps il était venu si souvent à Monkbarns, que Junon même n'aboyait plus en le voyant, mais se contentait de le surveiller des yeux.

— Les voilà, M. Monkbarns, s'écria Ochiltrie du plus loin qu'il le vit se promenant en robe de chambre dans le jardin; les voilà qui arrivent tout de bon. Je viens tout exprès de Fairport pour vous en apporter la nouvelle, et j'y retourne sur-le-champ. Le *Search* vient d'entrer dans la baie, et l'on dit qu'il a été chassé par une flotte française.

— Le *Search!* dit Oldbuck en réfléchissant un moment. Oh! oh!

— Et oui, le brick du lieutenant Taffril! Ne savez-vous pas qu'il s'appelle le *Search?*

— Et cela n'aurait-il pas quelque rapport avec *Search*, n° 1? dit l'antiquaire en fixant un œil pénétrant sur le mendiant.

Edie, comme un écolier surpris dans une espièglerie, mit son chapeau devant son visage, et ne put s'empêcher de rire. — A coup sûr, M. Monkbarns, dit-il, il faut que vous soyez sorcier. Qui aurait cru que vous eussiez songé à rapprocher deux choses si différentes? Diable! je vois que me voilà pris.

— A présent, dit Oldbuck, je vois tout, aussi clairement que la légende de la médaille la mieux conservée. La caisse dans laquelle étaient les lingots appartenait au brick, les lingots étaient à mon phénix, et ils avaient été enterrés dans les ruines pour que sir Arthur y trouvât un secours dans ses embarras.

— Enterrés par moi et par deux matelots du brick : mais ils ne savaient pas ce que la caisse contenait. Ils croyaient qu'il ne s'agissait que de frauder quelque chose pour le compte du lieutenant. J'ai veillé moi-même nuit et jour jusqu'à ce que j'aie vu le trésor entre les mains de celui à qui il était destiné ; et quand ce coquin d'Allemand ouvrait de grands yeux comme s'il eût voulu dévorer la caisse, je ne sais quel malin diable me mit dans la tête le tour que je lui jouai ensuite. Or, vous voyez que, si j'avais voulu jaser avec le bailli Little John, il aurait fallu conter toute cette histoire, et comme je savais que M. Lovel aurait été fâché qu'elle fût connue, j'ai préféré me taire et en courir les risques.

— Je dois dire que le choix qu'il avait fait de son confident était bon, quoique assez étrange.

— Pourquoi étrange, M. Monkbarns? Il n'y a pas dans tout le pays un homme à qui l'on puisse confier de l'argent avec moins de crainte, car je n'en ai pas besoin, je n'en désire pas, et, si j'en avais, je ne saurais qu'en faire. Mais, à dire vrai, M. Lovel n'avait pas beaucoup à choisir. Il croyait quitter le pays pour toujours, et je me flatte qu'en cela il se trompait ; la nuit était bien avancée quand nous apprîmes d'une manière bien étrange les embarras dans lesquels sir Arthur se trouvait, et il fallait que le jeune homme fût à bord avant le jour. Mais, cinq nuits après, le brick revint dans la baie, et comme on m'y avait donné rendez-vous, la barque m'apporta le trésor, et nous l'enterrâmes où vous l'avez trouvé.

— Voilà bien un trait romanesque et extravagant. Pourquoi Lovel ne s'est-il pas adressé à moi pour cette affaire?

— N'avait-il pas versé le sang du fils de votre sœur?

Ne craignait-il pas que votre neveu ne mourût de sa blessure? Enfin par qui aurait-il pu vous faire demander de lui rendre ce service?

— C'est vrai, c'est vrai. Mais si Dousterswivel avait trouvé cette caisse le premier?

— Il n'y avait guère à craindre qu'il allât dans les ruines sans sir Arthur. Il y avait eu une belle peur la nuit précédente, et il n'y serait jamais retourné si vous ne l'y aviez conduit pieds et poings liés pour ainsi dire. Il savait fort bien qu'il n'avait trouvé la première fois que ce qu'il avait caché lui-même; comment aurait-il pu espérer de faire une seconde trouvaille? Non, non : il n'en parlait que pour tirer de l'argent de sir Arthur. D'ailleurs je surveillais, comme je vous l'ai dit.

— Mais comment comptiez-vous que sir Arthur trouverait cette caisse?

— Oh! j'avais à lui conter une histoire sur Baltard qui lui aurait fait faire au besoin plus de quarante milles, et à vous aussi, Monkbarns. D'ailleurs n'était-il pas probable qu'il reviendrait dans l'endroit où il avait fait sa première trouvaille, puisqu'il ne connaissait pas le secret de l'affaire? En un mot, l'argent étant en lingots, sir Arthur étant dans une mauvaise passe, et Lovel voulant qu'il ne connût jamais la main qui lui rendait service, car c'était sur cela qu'il insistait principalement, nous ne pûmes imaginer un meilleur moyen pour lui faire toucher cet argent, quoique nous y ayons bien rêvé. Enfin si par quelque hasard malencontreux le trésor était tombé dans les griffes de Dousterswivel, je vous aurais informé sur-le-champ de toute l'histoire.

— Malgré toutes ces sages précautions, Edie, je crois que votre plan a réussi plus heureusement qu'il n'avait été prudemment combiné. Mais comment diable Lovel avait-il une si grande quantité de lingots d'argent?

— Quant à cela, c'est ce que je ne puis vous dire; mais il est probable qu'ils se trouvaient avec son bagage à Fairport, et qu'on les a mis dans une caisse de munitions du brick pour en faire le transport plus aisément.

— Juste ciel! dit Oldbuck se reportant à l'origine de sa connaissance avec Lovel, et ce jeune homme, qui met à l'aventure des lingots d'argent pour une telle somme, est celui à qui je proposais une souscription et dont j'ai payé l'écot chez Mackitchinson! Jamais il ne m'arrivera de payer l'écot de personne, c'est une chose sûre. Et je suppose, Edie, que vous avez entretenu une correspondance avec M. Lovel?

— Il m'a écrit un petit billet pour me dire d'aller prendre hier à Tannonburgh un paquet qui contiendrait des papiers d'une grande importance pour la famille de sir Arthur, et qu'il ne voulait pas envoyer par Fairport, parce qu'il avait de bonnes raisons pour croire qu'on y ouvrait souvent les lettres; il paraît qu'il ne se trompait pas, car on dit que mistress Mailsetter va perdre sa place parce qu'elle s'occupe trop des affaires des autres, et néglige la sienne.

— Et qu'espérez-vous, Edie, pour avoir dans toutes ces occasions rempli les fonctions de conseiller, de messager, de gardien et de confident?

— Ce que j'espère, M. Monkbarns? Et que diable voulez-vous que j'espère, si ce n'est que tous les grands personnages du pays viendront à l'enterrement du pauvre vieux mendiant? Peut-être aussi aurez-vous la bonté de me porter la tête comme vous l'avez fait pour le pauvre Steenie. Quel embarras tout cela m'a-t-il donné? Ne suis-je pas toujours par voies et par chemins? Oh! quel bonheur quand je me vis hors de prison! Car que serait-il advenu, si ce paquet fût resté à Tannonburgh tandis que j'étais claquemuré comme une huître entre ses deux écailles, et que, faute des lettres qui s'y trouvaient, tout eût été de travers. Il y avait des momens où j'avais envie de tout vous raconter, mais je n'avais pas encore pris mon parti sur cela; c'eût été contrevenir aux ordres de M. Lovel; et je crois qu'il avait besoin de voir quelqu'un à Édimbourg avant de pouvoir faire ce qu'il désirait pour sir Arthur et sa famille.

— Fort bien! mais revenons-en à vos nouvelles, Edie. Vous dites donc que les Français sont sur le point de débarquer?

— C'est le bruit général, monsieur; et les ordres sont donnés pour que les volontaires soient sous les armes: même on attend un officier qui doit venir inspecter nos moyens de défense. Ses bagages sont déjà arrivés. J'ai vu ce matin la servante du bailli nettoyer le ceinturon et les culottes de peau de son maître; je lui ai prêté la main; car vous pouvez bien juger qu'elle n'y entendait rien; et en récompense j'ai appris toutes les nouvelles.

— Et vous qui êtes un vieux soldat, que pensez-vous de tout cela?

— Ma foi, M. Monkbarns, si les Français viennent en aussi grand nombre qu'on le dit, je crains que nous n'ayons fort à faire. Mais au bout du compte, il y a quelques vétérans parmi ces volontaires, et je ne dois pas les dépriser parce qu'ils sont vieux et invalides, puisqu'ils en pourraient dire autant de moi. Enfin, nous ferons de notre mieux.

— Quoi ! votre esprit martial se réveillerait-il, Edie?

« Dans nos cendres le feu couve-t-il donc encore ? »

Je n'aurais pas cru, Edie, que vous eussiez le moindre motif pour vous battre?

— Point de motif pour me battre ! s'écria le mendiant avec feu; n'ai-je donc pas à défendre la terre qui m'a vu naître; les ruisseaux qui me désaltèrent si souvent ; le foyer des ménagères qui me donnent un morceau de pain; les enfans qui accourent à ma rencontre du plus loin qu'ils m'aperçoivent pour jouer avec moi? Diable! ajouta-t-il en brandissant son bâton ferré, si j'avais encore autant de force que de bonne volonté, il y en aurait plus d'un qui resterait en Écosse à son grand regret.

— Bravo, Edie, bravo! Le pays ne court pas grand danger quand le mendiant est disposé à se battre pour son écuelle de bois, comme le seigneur pour ses terres.

Leur conversation roula ensuite sur les détails de la nuit qu'Edie et Lovel avaient passée dans les ruines de Sainte-Ruth; et l'antiquaire en rit de tout son cœur.

— J'aurais donné une guinée, dit-il, pour voir ce coquin d'Allemand en proie aux terreurs que son charlatanisme cherche à inspirer aux autres, agité par la crainte d'être victime de la fureur de sir Arthur ou de la vengeance de quelque esprit.

— En vérité, M. Monkbarns, il avait quelque raison d'être effrayé, car on aurait dit que l'esprit de Main-Sanglante ou de l'Enfer-en-armes avait pris possession du corps de sir Arthur. Mais que deviendra ce flibustier de terre?

— J'ai reçu ce matin une lettre qui m'apprend qu'il vous a déchargé de l'accusation qu'il avait intentée contre vous. Il offre de faire des aveux qui rendront l'arrangement des affaires de sir Arthur beaucoup plus facile que je ne l'espérais. Enfin le shérif me mande qu'il a donné des informations qui ne sont pas sans importance pour le gouvernement; de sorte qu'il paraît qu'on se bornera à le renvoyer jouer le rôle de fripon dans son pays.

— Et les roues, les poulies, les cordages, toutes les machines qui servaient aux mines de Glen-Withershin, qu'en va-t-on faire?

— J'espère que les ouvriers, avant de se séparer, en feront un feu de joie, comme une armée détruit son train d'artillerie quand elle est forcée de lever précipitamment un siège. Et quant aux mines, Edie, nous les laisserons comme des souricières, à l'usage du premier fou qui, comme le chien de la fable, voudra lâcher la réalité pour chercher à prendre l'ombre.

— Est-il possible, bon Dieu! brûler tout cela! Savez-vous que c'est une grande perte, M. Monkbarns! N'auriez-vous pas mieux fait de tâcher de retirer, en les vendant, une partie de vos cent livres sterling? ajouta-t-il en affectant un ton de condoléance.

— Je n'en veux pas un sou! s'écria l'antiquaire avec humeur, en tournant le dos au mendiant, et en faisant deux ou trois pas en arrière.—Mais revenant aussitôt près de lui, en souriant à demi de son mouvement d'impatience : Va déjeuner à la cuisine, Edie, lui dit-il, et souviens-toi de ne jamais parler devant moi de mines, ni devant mon neveu de *phoca*, c'est-à-dire de veau marin, comme on l'appelle.

— Il faut que je retourne sur-le-champ à Fairport ; je veux savoir s'il y a quelque chose de nouveau relativement à la descente. Mais je n'oublierai pas que je ne dois jamais parler de veau marin à Votre Honneur, et qu'il ne faut rien dire au capitaine des cent livres sterling que vous avez données à Trouster.....

— Que le diable t'emporte ! C'est à moi que je te dis de n'en jamais parler.

— Je crois que j'ai confondu, dit le mendiant en affectant un air de surprise ; mais je pensais qu'en fait de conversation la seule chose qui ne plût pas à Votre Honneur, c'était d'entendre parler de ce que vous appelez le prétorion, ou du vieux sou qu'on vous a vendu pour une médaille.

— C'est bon, c'est bon ! s'écria l'antiquaire ; et il reprit à grands pas le chemin de la maison.

Le mendiant le regarda s'éloigner, et, riant dans sa barbe à peu près comme une pie ou un perroquet qui s'applaudissent d'une heureuse espièglerie, il reprit le chemin de Fairport. Ses habitudes lui avaient donné une véritable humeur errante, que le plaisir de ramasser des nouvelles contribuait beaucoup à entretenir. Ce fut ainsi qu'il retourna dans la ville, qu'il avait quittée le matin sans autre motif que d'aller, comme il se l'était dit, jaser un moment avec Monkbarns.

CHAPITRE XLV.

» Sur Pownell du signal on voit briller les flammes,
» Sur le Skiddaw brûle un triple bûcher ;
» Le cor guerrier vient exciter nos ames :
» C'est la voix de la gloire ; amis il faut marcher.

James Hogg.

La sentinelle qui veillait sur la montagne, les yeux tournés vers Birnam, s'imagina probablement d'abord qu'il rêvait quand il vit le bois fatal se mettre en marche et s'avancer vers Dunsinane (1). Il en fut de même du vieux Caxon, la nuit qui suivit la conférence de l'antiquaire avec le mendiant. Perché sur le sommet d'Halket-Head, sous une espèce de guérite, il était tout occupé

(1) Allusion à une prédiction fatale à Macbeth. Voyez cette tragédie, dans laquelle Shakspeare a consacré cette tradition écossaise.

Éd.

du mariage prochain de sa fille, et de l'honneur qu'il allait avoir de devenir le beau-père du lieutenant Taffril. De temps en temps il jetait un coup d'œil sur les deux signaux qui correspondaient avec le sien, en dirigeant sa vue par le moyen de jalons qui avaient été plantés pour en indiquer la ligne. Quelle fut sa surprise quand il vit briller une lumière vers le sud, dans l'une de ces deux directions! Il se frotta les yeux pour s'assurer qu'il était bien éveillé, mais rien n'était plus certain; des tourbillons de flamme s'élevaient vers le ciel, et paraissaient à ses yeux effrayés redoubler d'intensité à chaque instant. Tel l'astronome qui observe une comète croit y voir l'annonce de quelque terrible révolution.

— Que le ciel nous protège! se dit-il à lui-même. Que faire maintenant? Mais il y a de meilleures têtes que la mienne pour s'en occuper; je ne suis chargé que d'allumer le signal.

A ces mots, il mit le feu au bûcher, dont la flamme, s'élançant dans les cieux en longs sillons de lumière, fit sortir de leurs nids les oiseaux marins épouvantés, et se réfléchit sur les vagues qui baignaient la base du promontoire. Le signal se répéta de montagne en montagne sur toute la côte, et en peu d'instans la terreur fut répandue dans tout le district.

M. Oldbuck, la tête enveloppée dans deux bonnets de coton, goûtait un sommeil doux et paisible, quand il fut éveillé en sursaut par les cris de sa sœur, de sa nièce et de ses deux servantes, qui entrèrent toutes ensemble dans sa chambre.

— Que diable y a-t-il donc? dit-il en se mettant sur son séant. Des femelles dans ma chambre à une pareille heure! Êtes-vous devenues folles?

— Le signal est allumé, mon oncle, dit miss Mac-Intyre.

— Les Français sont débarqués! s'écria miss Griselda.

— Au feu! au meurtre! criaient les deux servantes échevelées, formant comme un chœur d'opéra.

— Les Français! s'écria l'antiquaire en tirant vers son lit une chaise sur laquelle étaient ses habits; sortez de ma chambre, sottes femelles que vous êtes, et laissez-moi m'habiller. Un moment, donnez-moi mon épée.

— Laquelle voulez-vous, mon frère? lui demanda miss Oldbuck en lui présentant d'une main une épée romaine rongée par la rouille, et de l'autre une André Ferrara sans poignée.

— La plus longue, la plus longue! s'écria Jenny Rintherout en lui en offrant une du douzième siècle.

— Femelles, dit Oldbuck avec une vive agitation, soyez calmes, et ne vous abandonnez point à une vaine terreur. Est-il bien sûr qu'ils soient arrivés?

— Si cela est sûr? s'écria Jenny Rintherout; cela ne l'est que trop. Les soldats de terre et de mer, tous les volontaires à pied et à cheval courent à Fairport. Le vieux Mucklebackit lui-même y est allé; il y sera bien utile à coup sûr. Hélas! combien de gens on cherchera ce soir qui auraient pu servir encore bien long-temps le roi et le pays!

— Donnez-moi, dit Oldbuck, l'épée qui a servi à mon père en 1745. Je n'ai ni ceinturon ni baudrier, mais n'importe.

Et prenant cette arme formidable, il en fit entrer le bout dans la poche gauche de sa veste, et agrandissant un trou qui s'y trouvait heureusement, il parvint à l'y assujettir.

En ce moment, Hector arriva. Il revenait d'une hauteur voisine où il avait été pour s'assurer si les signaux d'alarme étaient véritablement allumés.

— Et où sont vos armes, mon neveu? lui demanda l'antiquaire ; où est le fusil à deux coups que vous aviez toujours en main quand il ne pouvait être bon à rien?

— Fi donc, mon oncle! répondit Hector, fi donc! Qui a jamais pris un fusil de chasse un jour de bataille? Vous voyez que j'ai mis mon uniforme, et j'espère que si l'on me donne un commandement, je serai plus utile que si je portais dix fusils à deux coups. Mais vous, mon oncle, il faut que vous partiez pour Fairport, et que vous donniez des ordres pour enrégimenter les volontaires et prévenir toute confusion.

—Vous avez raison, Hector; je crois aussi que ma tête rendra au moins autant de services que mon bras. Mais je vois arriver sir Arthur. Entre nous, je crois qu'il n'est pas beaucoup plus fort de la tête que du bras.

Sir Arthur était probablement d'une autre opinion; car, revêtu de son costume de député-lieutenant (1), il se rendait aussi à Fairport, et venait prendre M. Oldbuck. La bonne opinion que sir Arthur avait toujours eue de la sagacité du laird de Monkbarns avait été plus que confirmée par les derniers événemens. L'antiquaire et son neveu montèrent dans la voiture du baronnet, en dépit des prières de toute la gent femelle, qui aurait voulu qu'ils restassent à Monkbarns pour en former la garnison.

(1) C'est-à-dire vice-lieutenant du comté, sous le lord-lieutenant. C'est une des fonctions que sir Walter-Scott *cumule* en Écosse, où il est député-lieutenant du comté de Roxburgh. Le costume de cette espèce de *sous-préfet* est un frac bleu, paremens roux, l'épée au côté, etc. — Éd.

Pour se faire une idée du tumulte et de la confusion qui régnaient à Fairport, il faut avoir été témoin d'une scène semblable. On voyait à toutes les croisées des lumières qui, paraissant et disparaissant alternativement, annonçaient le trouble et l'agitation de tous les habitans. Les femmes des classes inférieures, attroupées à leurs portes, poussaient de bruyantes clameurs. Les volontaires, accourant des villages voisins, galopaient dans les rues, les uns isolés, les autres par troupes de cinq ou six. L'appel battu par les tambours, les cris des officiers, qui cherchaient à établir l'ordre, le son des fifres et des trompettes, se confondaient avec le carillon des cloches. Les mâts de tous les navires dans le port étaient illuminés, et leurs chaloupes débarquaient des hommes et de l'artillerie pour contribuer à la défense de la place. Taffril surveillait cette partie des préparatifs avec beaucoup d'activité. Deux ou trois navires, bons voiliers, avaient déjà filé leurs câbles, et se mettaient en mer pour aller à la découverte de l'ennemi supposé.

Tel était le spectacle qu'offrait la ville de Fairport quand sir Arthur, Oldbuck et Hector y arrivèrent. Ce ne fut pas sans peine qu'ils se frayèrent un chemin jusqu'à la place principale sur laquelle est situé l'hôtel-de-ville. Il était illuminé, et les magistrats y étaient assemblés avec quelques gentilshommes des environs. En cette occasion, comme en plusieurs autres semblables, on put voir combien le bon sens et la fermeté du peuple en Écosse savent suppléer au défaut d'expérience et de moyens. Les magistrats étaient assiégés par les quartiers-maîtres des différens corps de volontaires, qui demandaient des billets de logement pour leurs hommes et leurs chevaux. — Plaçons nos chevaux dans nos magasins, dit le bailli Little John, et recevons les hommes dans nos maisons. Donnons nos fourrages aux uns, et partageons notre souper avec les autres. Nous nous sommes enrichis sous un gouvernement libre et paternel ; c'est le moment de montrer que nous en connaissons tout le prix.

Il n'y eut personne qui n'applaudît hautement et avec sincérité à cette proposition, et chacun dévoua sur-le-champ tous ses moyens et toutes ses ressources à la défense du pays.

Le capitaine Mac-Intyre remplit en cette occasion les fonctions de conseiller et d'aide-de-camp du premier magistrat, et déploya une présence d'esprit et une connaissance de sa profession, à un degré auquel ne s'attendait guère son oncle, qui, ne l'ayant jamais vu tenir le milieu entre l'insouciance et l'impétuosité, le regardait de temps en temps d'un air surpris, en l'entendant expliquer avec calme et sang-froid les diverses mesures de précaution que son expérience lui suggérait, et donner ensuite les ordres nécessaires pour les faire exécuter. Il trouva les différens corps en bon ordre, eu égard aux matériaux irréguliers qui les composaient; le nombre des volontaires était considérable, et leur enthousiasme était porté au plus haut degré. Les connaissances militaires l'emportaient tellement alors sur toute autre considération, que notre vieux mendiant, Edie Ochiltrie, au lieu d'être laissé, occupé à rouler son tonneau, comme Diogène à Synope, quand chacun préparait des moyens de défense, fut chargé de surveiller la distribution des munitions; et il s'en acquitta parfaitement.

Deux choses étaient encore attendues avec impatience : l'arrivée des volontaires de Glenallan, qui, vu l'importance de cette famille, formaient un corps séparé ; et celle de l'officier qui avait été annoncé, et qui, ayant été chargé par le commandant en chef de la défense de cette ligne de côtes, devait prendre le commandement de toutes les forces militaires de ce district.

Enfin on entendit les trompettes de la cavalerie de Glenallan ; et le comte lui-même, à la grande surprise de tous ceux qui connaissaient ses habitudes et sa mauvaise santé, parut à leur tête en uniforme. Ils formaient un escadron nombreux et bien monté, suivi par un bataillon d'infanterie composé de cinq cents montagnards portant leur costume ordinaire, et marchant au son de leurs cornemuses. La bonne tenue de ces deux corps attira l'admiration du capitaine Mac-Intyre ; mais son oncle fut encore plus frappé de la manière dont, en ce moment de crise, l'esprit militaire de la famille Glenallan semblait avoir ranimé son chef actuel. Il demanda et obtint pour lui et pour sa troupe le poste qui paraissait devoir être le plus dangereux, et déploya autant de vivacité à faire les dispositions nécessaires, que d'intelligence en en discutant la nécessité.

L'aurore venait de paraître, le conseil militaire restait encore assemblé, et chacun continuait à s'occuper de préparatifs de défense, quand on entendit le peuple pousser de grands cris, — Il arrive ! il arrive ! voilà le brave major Neville avec un autre officier ! —Et dans le même instant une chaise de poste attelée de quatre chevaux arrivait sur la place au milieu des acclamations de tous les habitans. Les magistrats descendirent à la porte de l'hôtel-de-ville, pour recevoir le commandant ; mais quelle fut la surprise de tous ceux qui étaient présens, et surtout de l'antiquaire, quand, sous l'uniforme et le chapeau militaire, on reconnut la taille et les traits du pacifique Lovel. Il fallut, pour assurer Oldbuck que ses yeux ne le trompaient pas, que son jeune ami vînt l'embrasser cordialement et lui serrer la main. Sir Arthur ne fut guère moins surpris en reconnaissant son fils, le capitaine Wardour, dans l'officier qui accompagnait Lovel, ou pour mieux dire le major Neville. Les premiers mots que prononcèrent les deux jeunes militaires furent pour complimenter tous ceux qui étaient présens sur le zèle, le courage et l'activité dont venaient de faire preuve les habitans de ce district, et pour les assurer qu'aucun danger ne les menaçait en ce moment.

— Les renseignemens que nous avons pris en route, dit le major Neville, nous ont appris que l'homme qui était de garde sur Halket-Head a été naturellement induit en erreur par un grand feu que des ouvriers, sans mauvaise intention, à ce qu'il paraît, avaient allumé sur la colline de Glen-Withershin, qui se trouve précisément sur la ligne du signal correspondant à celui de Fairport.

Oldbuck, à ces mots, jeta à la dérobée sur sir Arthur un coup d'œil qui disait bien des choses ; le baronnet y répondit par un léger mouvement des épaules, et baissa les yeux d'un air confus.

— Il faut, dit l'antiquaire rassemblant tout son courage, quoique un peu honteux d'avoir été la cause involontaire de l'alarme qui s'était répandue ; il faut croire que ce feu consumait tous les ustensiles servant à l'exploitation des mines de Glen-Withershin, que, dans notre colère, nous avions condamnés aux flammes. Au diable soit ce coquin de Dousterswivel ; même après son départ il nous fait faire encore des sottises. C'est lui qui a mis le feu à la traînée de poudre. Gare qu'il ne parte encore quelque pétard dans les jambes. Mais voilà le prudent Caxon qui arrive! Levez la tête, vieil âne. Faut-il donc que ce soit nous qui payions vos sottises? Tenez, débarrassez-moi de cela, ajouta-t-il en lui donnant son épée. Qu'aurais-je répondu hier à celui qui m'aurait dit qu'une épée me battrait les jambes aujourd'hui!

En ce moment il sentit son bras doucement pressé par lord Glenallan, qui le pria de passer dans un appartement séparé.

— Pour l'amour du ciel, lui dit le comte, dites-moi qui est ce jeune officier qui ressemble d'une manière si frappante......

— A la malheureuse Eveline, s'écria Oldbuck. Mon cœur m'a parlé pour lui dès le premier instant que je l'ai vu, et Votre Seigneurie vient de m'en faire connaître la cause.

— Mais qui est-il? qui est-il? répéta lord Glenallan, tenant toujours le bras de l'antiquaire, et le serrant avec la violence d'un homme attaqué de convulsions.

— Hier, je l'aurais nommé Lovel, mais aujourd'hui c'est le major Neville.

— Que mon frère a élevé comme son fils naturel; qu'il a institué son héritier. Dieu de miséricorde! c'est mon fils! le fils de mon Eveline!

— Doucement, milord, doucement; ne vous abandonnez pas si promptement à de telles présomptions. Quelle probabilité.......

— Probabilité? aucune; il y a certitude, certitude absolue. Hier soir j'ai reçu de l'intendant de mon frère, dont je vous ai parlé, une lettre où il me conte toute l'histoire. Amenez-le-moi, de grace! Qu'il reçoive la bénédiction d'un père avant son départ !

— De tout mon cœur; mais par égard pour vous et pour lui, donnez-moi quelques minutes pour préparer cette entrevue.

Et décidé à prendre quelques nouveaux renseignemens avant d'ajouter foi à une histoire si étrange, il chercha le major Neville, qu'il trouva s'occupant des mesures nécessaires pour renvoyer dans leurs foyers les nombreux volontaires si promptement rassemblés.

— Major Neville, lui dit-il, ne pourriez-vous m'accorder un instant d'audience, et confier les soins qui vous occupent au capitaine Wardour et à Hector, avec lequel j'espère que vous êtes réconcilié?

Neville sourit, et tendit la main à Hector, qui la serra avec autant de cordialité que d'empressement.

— Il faudrait une affaire bien urgente, M. Oldbuck, répondit le major en le suivant dans une autre chambre, pour qu'elle pût l'emporter sur les droits que vous avez sur moi. Je n'ai point oublié que je vous ai trompé en me présentant à vous sous un nom supposé, et que je vous ai récompensé de votre hospitalité en me querellant avec votre neveu, et en le blessant.

— Il n'a eu que ce qu'il méritait, dit l'antiquaire, et il y a long-temps que je le lui ai dit. Cependant il a montré aujourd'hui autant de bon sens que de courage. S'il voulait étudier César, Polybe, et les *Stratagemata Polyæni* (1), il pourrait s'avancer dans l'armée, et certainement je lui donnerai un coup d'épaule.

(1) Les Stratagèmes ou (ruses de guerre) de Polyen. Polyen

— Il le mérite, M. Oldbuck. Quant à mon nom emprunté, vous pouvez d'autant mieux m'excuser, que je vous avouerai franchement que je n'ai pas plus de droit à celui de Neville, sous lequel je suis généralement connu, qu'à celui de Lovel, sous lequel je me suis présenté à vous.

— En vérité! eh bien, j'espère que nous vous en trouverons un auquel vous aurez un titre solide et légal.

— Monsieur, je me flatte que vous ne pensez pas que l'infortune de ma naissance doive m'exposer...

— Nullement, jeune homme; mais je crois que votre naissance est un secret que je connais mieux que vous. Et pour vous le prouver, je vous dirai que vous avez été élevé et connu comme fils naturel de M. Geraldin Neville, du comté d'York, et destiné à être son héritier.

— Pardonnez-moi; jamais il ne m'avait fait entrevoir cette perspective. Il a pourvu libéralement à mon éducation; je dois à son crédit et à sa générosité mon avancement dans l'armée; mais je crois que mon père supposé a eu long-temps des projets de mariage, quoiqu'il ne les ait pas exécutés.

— Votre père supposé, dites-vous? Quelle raison vous porte à croire que M. Geraldin Neville n'était pas véritablement votre père.

— Je sais, M. Oldbuck, que vous n'êtes pas homme à m'interroger sur un point aussi délicat, uniquement pour satisfaire une vaine curiosité. Je vous dirai donc

---

était un avocat grec établi à Rome sous Marc-Aurèle. Ses *Stratagèmes*, ainsi que ceux de Frontin, font partie des *Veteres de re militari*. — Éd.

que, l'année dernière, tandis que nous occupions une petite ville de Flandre, je trouvai, dans un couvent près duquel j'avais été logé, une femme qui parlait anglais d'une manière remarquable. Elle était Espagnole, et se nommait Theresa d'Acunha. Dans le cours de notre connaissance, elle apprit qui j'étais, et se fit connaître à moi comme la personne qui avait pris soin de mon enfance. Elle me dit que j'étais victime d'une injustice, qu'on me privait d'un rang auquel ma naissance me donnait droit, et me promit de me donner sur cette affaire importante tous les détails qui me seraient nécessaires après la mort d'une dame d'Écosse, pendant la vie de laquelle elle était déterminée à ne pas s'expliquer davantage. Elle me déclara en outre que M. Geraldin Neville n'était pas mon père. Nous fûmes attaqués à cette époque par l'ennemi; la ville fut prise d'assaut et livrée au pillage; le couvent fut incendié; plusieurs religieuses y périrent, et Theresa fut du nombre. Je perdis avec elle tout espoir de connaître jamais l'histoire de ma naissance, histoire qui doit être tragique, à en juger par les apparences.

— *Rarò antecedentem scelestum*, et je devrais plutôt dire *scelestam*, dit Oldbuck, *deseruit pede pœna claudo* (1). Les épicuriens mêmes en conviennent. Et sur cela, quel parti prites-vous?

— J'écrivis à M. Neville pour lui faire des remontrances, mais inutilement. Ayant alors obtenu un congé de semestre, j'allai me jeter à ses pieds, et je le conjurai de déchirer entièrement le voile qui couvrait ma nais-

---

(1) Rarement le châtiment, au pied boiteux, manque d'atteindre le coupable qui fuit devant lui. — Tr.

sance, et que Theresa n'avait fait que soulever. Il fut contraint d'avouer qu'il n'était pas mon père, mais il refusa de se rendre à mes prières, et comme j'insistais, il me reprocha avec indignation tous les services qu'il m'avait rendus. Je trouvai qu'il abusait des droits que lui donnait le titre de bienfaiteur, et nous nous séparâmes mécontens l'un de l'autre. Je quittai le nom de Neville, et pris celui sous lequel vous m'avez connu. Ce fut à cette époque que, me trouvant dans le nord de l'Angleterre, chez un ami qui favorisait mon incognito, je fis connaissance avec miss Wardour, et j'eus l'esprit assez romanesque pour la suivre en Écosse. Je flottais entre différens plans de vie, et avant de prendre aucune détermination, je résolus de faire un nouvel effort pour obtenir de M. Neville l'explication du mystère de ma naissance. Sa réponse se fit attendre assez long-temps, et vous étiez présent quand je la reçus. Il m'informait du mauvais état de sa santé, me conjurait, par égard pour moi-même, de ne pas chercher davantage à percer l'obscurité qui m'environnait, et de me contenter de savoir que je lui tenais de si près par ma naissance, quelle qu'elle fût, qu'il avait dessein de m'instituer son héritier. Lorsque je me préparais à quitter Fairport pour aller le rejoindre, un second exprès m'apporta la nouvelle qu'il n'existait plus. La possession d'une fortune considérable ne fut pas en état de faire taire les remords avec lesquels je me rappelais alors ma conduite envers mon bienfaiteur. Quelques passages de sa lettre semblaient me donner à craindre que ma naissance ne fût frappée d'une tache encore plus honteuse que celle d'une illégitimité ordinaire; je me rappelai les préjugés de sir Arthur Wardour, et.....

— Et vous vous abandonnâtes à toutes ces idées mélancoliques, au point de vous en rendre malade, au lieu de venir me conter votre histoire et me demander mon avis!

— Précisément. Vint alors ma querelle avec le capitaine Mac-Intyre, querelle qui me força à quitter précipitamment Fairport et ses environs.

— A oublier l'amour et la poésie, miss Wardour et la Calédoniade.

— C'est la vérité.

— Et depuis ce temps vous n'avez été occupé que de plans pour venir au secours de sir Arthur?

— Avec l'aide du capitaine Wardour.

— Et d'Edie Ochiltrie. Vous voyez que je sais toute l'histoire. Mais ces lingots, d'où vous venaient-ils?

— Ils provenaient d'une vaisselle d'argent qui avait appartenu à mon oncle, et qu'il avait fait fondre quelques jours avant sa mort. On me les avait envoyés à Fairport aussitôt après ce fâcheux événement.

— Peut-être ne voulait-il pas que vous y vissiez les armes de Glenallan. Eh bien! major Neville, ou plutôt M. Lovel, car c'est ainsi que j'ai le plus de plaisir à vous nommer, je crois qu'il faut que vous renonciez à ces deux noms pour prendre celui de lord Geraldin.

L'antiquaire lui communiqua alors les tristes et étranges circonstances qui avaient accompagné la mort de sa mère.

— Je ne doute pas, ajouta-t-il, que votre oncle ne désirât qu'on crût que l'enfant issu de ce malheureux mariage n'existait plus. Comme il menait alors une vie fort dissipée, peut-être voulait-il s'assurer à lui-même la fortune de son frère. Mais malgré les soupçons qu'inspirèrent à Elspeth sa mauvaise conscience et l'agitation dans laquelle elle le vit, il paraît qu'il n'eut jamais de desseins criminels contre votre personne; l'histoire de Theresa et la vôtre ne permettent pas de lui en supposer. Et maintenant, mon jeune ami, permettez-moi de vous présenter à votre père.

Nous n'essaierons pas d'esquisser cette entrevue. Les preuves de la naissance du fils d'Eveline se trouvèrent complètes, car M. Neville avait laissé entre les mains de son intendant un paquet cacheté contenant tous les détails de cette affaire, avec ordre de ne l'ouvrir qu'après le décès de la comtesse; son motif pour garder le secret si long-temps paraissait être la crainte de l'effet terrible que la découverte des manœuvres de cette femme hautaine aurait produit sur son esprit aussi violent qu'orgueilleux.

Dans la soirée du même jour les volontaires de Glenallan burent à la santé de leur jeune maître. Un mois après, lord Geraldin épousa miss Wardour, et l'antiquaire fit présent à sa belle ennemie de la bague nuptiale. C'était un anneau d'or massif et antique, sur lequel était gravée la devise d'Aldobrand Oldenbuck, *kunst macht gunst.*

Edie Ochiltrie, le plus important de tous les personnages qui portèrent jamais le manteau bleu en Écosse, continua quelque temps sa vie errante, quittant la maison d'un ami pour aller dans celle d'un autre, et se vantant de n'être jamais obligé de courir les champs quand le temps était à la pluie. Cependant il paraît, depuis peu, vouloir devenir plus stationnaire, car on le trouve souvent assis au coin du feu dans une chaumière située à égale distance de Knockwinnock, de Monkbarns, et de la demeure du révérend M. Blattergowl, où le vieux Caxon s'est retiré après le mariage de sa fille, afin d'être à portée des trois perruques de la paroisse, dont il continue à prendre soin pour son amusement. On a entendu Edie dire qu'il était bien agréable d'avoir un pareil toit pour s'abriter en temps de pluie. Ses jambes commençant à devenir plus raides, on croit qu'il s'y fixera tout-à-fait.

Lord et lady Geraldin donnèrent des marques de leur munificence à mistress Hadoway et à la famille de Mucklebackit. La première en fit un bon usage, les autres ne surent pas en profiter. Ils continuent pourtant à recevoir des secours, qu'Edie Ochiltrie est chargé de leur porter, mais ce n'est qu'en murmurant contre le canal qui les leur transmet.

Hector obtient un avancement rapide dans l'armée ; la gazette a plusieurs fois mentionné honorablement sa conduite ; et il s'élève proportionnellement dans les bonnes graces de son oncle. Ce qui ne fait guère moins de plaisir au jeune militaire, c'est qu'il a triomphé en combat singulier de deux veaux marins, ce qui a mis fin aux railleries perpétuelles de son oncle relativement à l'histoire du *phoca*.

On parle de mariage entre miss Mac-Intyre et le capitaine Wardour ; mais cette nouvelle demande confirmation.

M. Oldbuck fait de fréquentes visites aux châteaux de Knockwinnock et de Glenallan. Il y travaille à deux essais, l'un sur la cotte de mailles du grand comte de Glenallan, l'autre sur le gantelet de la main gauche de l'Enfer-en-Armes. Il s'informe régulièrement si lord Geraldin a commencé la Calédoniade, et secoue la tête en entendant sa réponse. En attendant, il n'en a pas moins terminé ses notes sur ce poëme à faire, et nous croyons qu'elles sont à la disposition de quiconque voudra les faire imprimer sans risque et sans frais pour l'ANTIQUAIRE.

FIN DE L'ANTIQUAIRE.

ŒUVRES COMPLÈTES

DE

SIR WALTER SCOTT.

Cette édition sera précédée d'une notice historique et littéraire sur l'auteur et ses écrits. Elle formera soixante-douze volumes in-dix-huit, imprimés en caractères neufs de la fonderie de Firmin Didot, sur papier jésus vélin superfin satiné; ornés de 72 *gravures en taille-douce* d'après les dessins d'Alex. Desenne; de 72 *vues* ou *vignettes* d'après les dessins de Finden, Heath, Westall, Alfred et Tony Johannot, etc., exécutées par les meilleurs artistes français et anglais ; de 30 *cartes géographiques* destinées spécialement à chaque ouvrage ; d'une *carte générale de l'Écosse,* et d'un *fac-simile* d'une lettre de Sir Walter Scott, adressée à M. Defauconpret, traducteur de ses œuvres.

CONDITIONS DE LA SOUSCRIPTION.

Les 72 volumes in-18 paraîtront par livraisons de 3 volumes de mois en mois ; chaque volume sera orné d'une *gravure en taille-douce* et d'un titre gravé, avec une *vue* ou *vignette*, et chaque livraison sera accompagnée d'une ou deux *cartes géographiques.*

Les *planches* seront réunies en un cahier séparé formant atlas.

Le prix de la livraison, pour les souscripteurs, est de 12 fr. et de 25 fr. avec les gravures avant la lettre.

Depuis la publication de la 3e livraison, les prix sont portés à 15 fr. et à 30 fr.

ON NE PAIE RIEN D'AVANCE.

Pour être souscripteur il suffit de se faire inscrire à Paris

Chez les Éditeurs :

A. SAUTELET ET Cᵉ, LIBRAIRES, Place de la Bourse.

CHARLES GOSSELIN, LIBRAIRE DE S. A. R. M. LE DUC DE BORDEAUX, Rue St.-Germain-des-Prés, n. 9.

www.ingramcontent.com/pod-product-compliance
Lightning Source LLC
Chambersburg PA
CBHW062000180426
43198CB00036B/1900